Clever Use of Economics·

郭沛明 著

巧用经济学

消费中的经济学　学习中的经济学　工作中的经济学
恋爱婚姻中的经济学　人际关系中的经济学

光明日报出版社

图书在版编目（CIP）数据

巧用经济学 / 郭沛明著. -- 北京：光明日报出版社，2019.12

ISBN 978－7－5194－5578－1

Ⅰ.①巧… Ⅱ.①郭… Ⅲ.①经济学—通俗读物 Ⅳ.①F0－49

中国版本图书馆 CIP 数据核字（2019）第 300908 号

巧用经济学

QIAOYONG JINGJIXUE

著　　者：郭沛明

责任编辑：史　宁　　　　　　责任校对：董小花
封面设计：中联学林　　　　　　责任印制：曹　净

出版发行：光明日报出版社
地　　址：北京市西城区永安路 106 号，100050
电　　话：010－63139890（咨询），63131930（邮购）
传　　真：010－63131930
网　　址：http://book.gmw.cn
E－mail：shining@gmw.cn
法律顾问：北京德恒律师事务所龚柳方律师
印　　刷：三河市华东印刷有限公司
装　　订：三河市华东印刷有限公司
本书如有破损、缺页、装订错误，请与本社联系调换，电话：010－63131930

开　　本：170mm×240mm
字　　数：196 千字　　　　　　印　　张：16.5
版　　次：2019 年 12 月第 1 版　　印　　次：2019 年 12 月第 1 次印刷
书　　号：ISBN 978－7－5194－5578－1
定　　价：68.00 元

版权所有　　翻印必究

前　言

　　经济学在很多人脑海中总是显得那么难理解，那么"高大上"，新闻报道的都是关税、贸易、GDP这些东西，离我们的日常生活太远了。有些人认为经济学是一种高级数学，而且认为经济学是经济学家的事情，跟我们普通人无关。但实际上，经济学是跟每个人生活都息息相关的一门社会科学，经济学每天都围绕在我们身边，如工资、物价等。在如今社会中，我们的生活根本离不开经济学。虽然里面包含很多数学，但学习经济学常识，能帮我们更容易理解社会的运行规律，以及某种经济现象背后的逻辑，更重要的是经济学教我们如何进行思考，帮助我们在找工作、学习、买房、投资理财甚至其他很多方面做出更佳的决策。从这个意义上讲，经济学是人生的必修课。

　　从远古时代人类学会物品交换开始，经济学的现象就一直在发生，但一直到1776年，以英国经济学家亚当·斯密发表《国民财富的性质和原因的研究》（简称《国富论》）为奠基，经济学才开始作为一门学问逐渐被人们认识。然而，即便到了经济飞速发展的今天，大多数人对经济学方面的知识却非常缺乏，甚至很多学历比较高的人，对这方面的知识也是知之甚少。传统教育并没有教会我们经济学思维，相反，很多传统知识把一些社会现象做了错误的引导。比如，经济学的核心思想是每个人应该用合法的手段追求自身利益的最大化，才是有利于整体社会发展的，这跟我们传统教育的舍己为人的思想观念是相违背的。

  正因为如此，我一直想把高深的经济学，通过一种简单的方式让普通大众明白，用我自己的方式，用最通俗易懂的方式对一些现象用经济学做一个解读，希望对大家有所帮助。

  本书从微观到宏观，从主流到非主流的看法，从故事到现实，切入点相对新颖，解读了消费的经济学、学习中的经济学、工作中的经济学、恋爱婚姻中的经济学、人际关系中的经济学以及对宏观经济学的一些基础知识的理解。有部分章节插入了一些案例、故事，特意不明以观点，以便让读者思考和受到启示。

  经济学可以提高我们的逻辑思维能力，提高辨别事物的能力，可以让我们更加准确地从各种角度判断经济发展的趋势，提高获取财富的能力。经济学在某种程度上，还能帮我们摆脱道德压力，获得心灵上的自由。在同样的经济生活条件下，也能让我们更加容易获得幸福和快乐。

作者

2019 年秋

目 录
CONTENTS

第一章 理性的人 …………………………………………… 1
  第一节 稀缺性与选择 ………………………………………… 1
    知识导航一 稀缺性 ………………………………………… 3
    知识导航二 经济学即选择学 ……………………………… 8
    知识导航三 有选择就有放弃，但有选择才更幸福 ……… 12
  第二节 人是理性的 …………………………………………… 16
    知识导航四 经济学的重要假设——人是理性的 ………… 17
    知识导航五 成本收益法 …………………………………… 22
  第三节 机会成本 ……………………………………………… 27
    知识导航六 人们在决策中关注机会成本 ………………… 28
    知识导航七 机会成本的运用 ……………………………… 34

第二章 消费中的经济学 …………………………………… **38**
  第一节 商品的价格是如何确定的 …………………………… 38
    知识导航一 市场供求与均衡价格 ………………………… 39
  第二节 春节火车票的价格要不要涨 ………………………… 50
    知识导航二 需求价格弹性 ………………………………… 50

第三节　什么是幸福 …………………………………………… 54
　　知识导航三　效用论 ………………………………………… 54
第四节　不断消费同一商品，会出现什么现象 ………………… 60
　　知识导航四　边际效用递减规律 …………………………… 61
第五节　怎样理解"剁手党"的存在 …………………………… 64
　　知识导航五　消费者剩余 …………………………………… 64

第三章　学习中的经济学 ……………………………………… 69
第一节　为什么家长这么重视孩子的成绩 …………………… 69
　　知识导航一　人们会对激励做出反应 ……………………… 69
　　知识导航二　人们的感觉"现在的幸福大于未来的幸福" …… 74
第二节　孟母为什么要三迁 …………………………………… 77
　　知识导航三　从众效应 ……………………………………… 77
第三节　专才好还是通才好 …………………………………… 86
　　知识导航四　劳动分工、专业化 …………………………… 87

第四章　工作中的经济学 ……………………………………… 98
第一节　男怕入错行 …………………………………………… 98
　　知识导航一　路径依赖与转移成本 ………………………… 99
第二节　面试应该怎样展示 …………………………………… 107
　　知识导航二　信息不对称 …………………………………… 107
第三节　我的工资是什么决定的 ……………………………… 123
　　知识导航三　工资的决定 …………………………………… 124
第四节　为什么三个和尚没水吃 ……………………………… 134

知识导航四　边际报酬递减规律…………………………135

　第五节　自由职业者……………………………………………140

　　知识导航五　降低交易成本的措施………………………140

第五章　婚恋中的经济学……………………………………**143**

　第一节　爱情如美酒……………………………………………145

　　知识导航一　稀缺性与竞争………………………………146

　第二节　失恋也是经济学………………………………………156

　　知识导航二　沉没成本……………………………………156

　第三节　做好结婚准备了么……………………………………164

　　知识导航三　成本收益……………………………………164

　　知识导航四　帕累托改进…………………………………168

　第四节　为什么要领结婚证……………………………………170

　　知识导航五　垄断与市场结构……………………………170

　　知识导航六　边际效用递减………………………………181

第六章　人际关系中的经济学………………………………**186**

　第一节　岳母家吃饭VS饭店吃饭………………………………186

　　知识导航一　社会规范……………………………………187

　第二节　关系的重要性…………………………………………191

　　知识导航二　契约…………………………………………191

　第三节　博弈小游戏……………………………………………197

　　知识导航三　博弈论………………………………………198

　第四节　坏脾气的人……………………………………………205

知识导航四　斗鸡博弈 …………………………………………… 206
　第五节　老师要不要告诉家长 ………………………………………… 208
　　知识导航五　序贯博弈 …………………………………………… 209

第七章　了解宏观经济 …………………………………………………… **215**
　第一节　到底什么是GDP ……………………………………………… 215
　　知识导航一　国民收入核算理论与方法 ………………………… 215
　第二节　"招工难"和"失业潮" ……………………………………… 224
　　知识导航二　失业 ………………………………………………… 225
　第三节　虚假的"百万富翁" ………………………………………… 230
　　知识导航三　通货膨胀理论 ……………………………………… 230
　第四节　"一带一路"到底有什么影响 ……………………………… 238
　　知识导航四　政府的调控指导——供给侧结构性改革 ………… 238

参考文献 …………………………………………………………………… **251**

第一章

理性的人

第一节 稀缺性与选择

情景引入：上网与经济学

在当今的信息社会中，上网已经成为我们大多数人日常生活的一部分，这种状况在高等院校的学生中更为普遍。根据统计，在平常时间，高校学生平均每人每天的上网时间达到 3 小时左右，而在考试期间上网的时间会明显减少，大概每天只有不足 1 小时。

另外一项调查表明，由于电脑显示器的强电磁波辐射，经常上网的同学得眼病的比率比不经常上网的同学要高出 5 个百分点，并且由于上网挤占时间，许多喜欢上网的学生放弃了户外的娱乐活动，导致他们身体的发病率上升[1]，学生的整体身体素质下降。由于上网聊天和打游戏，同学之间的正常交流也明显减少。

时间对于学生而言是宝贵的，俗话说："一寸光阴一寸金，寸金难

---

[1] 王花球．西方经济学概论［M］．北京：经济科学出版社，2007.

买寸光阴。"那么，经济学又是如何理解稀缺性的呢？

著名爱尔兰剧作家萧伯纳（George Bernard Shaw）曾说过："经济学是一门使人生幸福的艺术。"① 当提到经济学的时候，很多人会浅显地认为经济学就是钱，或者高深地认为经济学是繁琐的公式和复杂的图表，其实这两种认识都是不合理的。事实上，经济学本身就是一门由简单的常识加上复杂术语包装起来的学问，并不是一套可以立竿见影的致富术。经济学研究的是一个社会如何利用稀缺的资源生产有价值的商品，并将它们在不同的人中间进行分配。

英国著名经济学家威廉·斯坦利·杰文斯（William Stanley Jevons）曾经说过："经济学是快乐与痛苦的微积分学……以最小的努力获得最大的满足，以最小厌恶的代价获取最大欲望的快乐，使快乐增至最大，就是经济学的任务。"那么，经济学是什么呢？经济学又有什么用呢？经济学能教会你如何思考，并且能让你更聪明，因为没有一个学科能像经济学那样充分解释如此广泛的人类行为。经济学就像一个指路明灯，它使你更清楚自己要去的地方。

这本书从经济学的基础知识入手，通过消费、学习、工作、婚恋、人际关系这些生活要素来解释经济学的概念和原理，重点改变一个人看问题的思维方式，学会如何运用经济学思维方式来思考和分析自己身边的生活大小事。当然，这本书最重要的目的是改变你对经济学的看法，如果你能感觉到经济学如此有趣，那就是对作者最大的安慰。

什么是经济学的思维方式？在我看来，经济学的思维方式可以用一句话概括：世界上没有免费的午餐，做任何事情都是有成本的，我们只

---

① 王花球. 西方经济学概论 [M]. 北京：经济科学出版社，2007：2.

能在不同的选择中权衡。个人选择需要权衡，公共政策和法律制度的制定也要权衡。为什么没有免费的午餐？因为人的行为基本上是理性的。公共政策必须建立在理性人假设的基础上，否则，就会事与愿违，造成整个社会的损失。现实中，人们总是喜欢免费午餐，这不是由于他们不理性，而是因为正常的人总是希望让别人为自己支付午餐费，除非制度规则使得他们没有办法这样做。比如说，当一些人希望政府控制价格的时候，他们的真实意图是为了让自己在获得同样的东西时少支付一些费用，而不是为了真正的公共利益；类似地，当一些人主张政府应该限制某些行业的准入的时候，他们的真实意图是保护自己的垄断地位，而非维护市场秩序。如果我们忘记了这一点，不断满足他们的要求，社会就会陷入"囚徒困境"：每个人都选择吃免费午餐，最后的结果是每个人都不得不支付比原来高得多的费用。①

知识导航一　稀缺性

人的欲望是没有上限的，就像富裕没有界限一样。当你拥有10万时，你会想要是我拥有100万就好了；当你拥有100万时，你就会想要是有1000万就好了。有这样的想法是人之常情，因为人的欲望无止境。

满足人的欲望的资源可以区分为"免费资源"和"经济资源"。免费资源是不用付出代价就能获得的东西；经济资源则必须以别的东西为代价才能得到。

比如，你自愿买橘子，说明橘子对你而言是好东西。同时，它也是经济资源，因为你以你认为有价值的某种东西（3元）为代价换取了橘

---

① 经济学的思维方式（精校版）.pdf ［EB/OL］. 原创力文档，2017–06–10.

子的所有权。你的室友愿意排队领取"免费"电影票,说明这些票对她而言是好东西。她愿意以时间为代价换取这些票,而这些时间本来能做其他她认为有价值的事情。

一个东西仅当不需代价就能获得时才是免费品。免费品不大容易想象,但确实存在。其实这只是个语境问题。空气对装着水肺的潜水员来说是稀缺品,但对大学课堂里的学生来说则是标准的免费品。① 温暖的热带阳光对巴哈马群岛土生土长的孩子来说是免费品,但对从密尔沃基出发去热带度假的一家人来说则是稀缺品。

在人类社会发展过程中,人的欲望和由此引起的对物品和劳务的需要是无限的,但用来提供这些物品和劳务的生产资源是稀缺的。

资源的稀缺性是指相对于人类无限增长的需求而言,在一定时间与空间范围内资源总是有限的,相对不足的资源与人类绝对增长的需求相比造成了资源的稀缺性。

为什么需要经济学?是由于资源的稀缺性。正如一个家庭不能给每个成员想要的每一件东西一样,一个社会也不能给每个人以他们向往的最高生活水平。经济学研究社会如何管理自己的稀缺资源。设想一下,如果适用的资源是无限的,取之不尽,用之不竭,可以任凭挥霍浪费,经济学又有什么存在的必要呢?当然,资源的稀缺性,一般指相对稀缺,即相对于人们现时的或潜在的需要而言是稀缺的。这就要求社会经济活动的目的是以最少的资源消耗取得最大的经济效果。因此,资源的稀缺性及由此决定的人们要以最少消耗取得最大经济效果的愿望,是经济学作为一门独立的科学产生和发展的原因。

资源有限性与人们需求无限性的矛盾是人类社会最基本的矛盾,是

---

① 经济学的思维方式(精校版).pdf [EB/OL].原创力文档,2017-06-10.

当今世界一个最基本的事实。

人们的需要是多样的，也是无穷无尽的，满足了一种低层次的需要，就会产生一种更高层次的新需要，如20世纪80年代初，我们追求的是温暖，到了90年代我们最需要的是家电，90年代末我们很需要电子通讯，现在我们又开始购买住房和汽车，20年后我们可能会开始考虑私人飞机的需求。我们需求的结构总是在不断地升级，需要永远得不到彻底的满足。于是任何一种资源，无论总量有多大，总是稀缺的。

【相关案例】控制欲望1[①]

这天，一座寺院里来了一个客人。这个人衣着光鲜，气宇不凡，他向寺院的住持请教了一个问题："人怎样才能清除掉自己的欲望？"

住持微微一笑，转身进内室拿来一把剪子，对客人说："施主，请随我来！"住持把来客带到寺院外的山坡。在那里，满山的灌木都被修剪得整整齐齐。

住持把剪子交给客人，说道："您只要能经常反复修剪一棵树，您的欲望就会消除。"客人疑惑地接过剪子，走向一丛灌木，咔嚓咔嚓地剪了起来。

一壶茶的工夫过去了，住持问他感觉如何。客人笑笑："感觉身体倒是舒展轻松了许多，可是日常堵塞心头的那些欲望好像并没有放下。"

住持颔首说道："刚开始是这样的，经常修剪，就好了。"

客人走的时候，跟住持约定他十天后再来。

[①] 张建国. 记叙文阅读设计六篇［J］. 中学语文园地（初中版），2009（7）：12—20.

十天后，这个客人来了；十六天后，客人又来了……三个月过去了，客人已经将那棵灌木修剪成了一只初具模样的"兔子"。客人告诉住持自己每次修剪的时候，都能够气定神闲，心无挂碍。可是，一离开寺庙，所有欲望依然像往常那样冒出来。

住持笑而不言。当客人的"兔子"完全成型之后，住持又向他问了同样的问题，得到了一样的回答。

这次，住持对客人说："施主，你知道为什么当初我建议你来修剪树木吗？我只是希望你每次修剪前，都能发现，原来剪去的部分，又会重新长出来。这就像我们的欲望，你别指望完全消除。我们能做的，就是尽力把它修剪得更美观。放任欲望，它就会像疯长的灌木，丑恶不堪。但是，经常修剪，就能成为一道悦目的风景。对于名利，只要取之有道，用之有道，利己惠人，它就不应该被看作是心灵的枷锁。"

【相关案例】控制欲望2[①]

美国船王哈利曾对儿子小哈利说："等你到了23岁，我就将公司的财政大权交给你。"谁想，儿子23岁生日这天，老哈利却将儿子带进了赌场。老哈利给了小哈利2000美元，让小哈利熟悉牌桌上的伎俩，并告诉他无论如何不能把钱输光。

小哈利连连点头，老哈利还是不放心，反复叮嘱儿子一定要剩下500美元。小哈利拍着胸脯答应下来。然而，年轻的小哈利很快赌红了眼，把父亲的话忘了个一干二净，最终输得一分不剩。走出赌场，小哈利十分沮丧，说他本以为最后那两把能赚回来，那时他手上的牌正在开始好转，没想到却输得更惨。

---

① 刘章健. 控制得住欲望，才可以成为赢家 [J]. 时代青年·悦读，2014（9）：51.

老哈利说:"你还要再进赌场,不过本钱我不能再给你,需要你自己去挣。"小哈利用了一个月时间去打工,挣到了700美元。当他再次走进赌场,他给自己定下了规矩:只能输掉一半的钱,到了只剩一半时他一定离开牌桌。

然而,小哈利又一次失败了。

当他输掉一半的钱时,脚下就像被钉了钉子般无法动弹。他没能坚守住自己的原则,再次把钱全都压了上去,还是输个精光。老哈利则在一旁看着一言不发。走出赌场,小哈利对父亲说,他再也不想进赌场了,因为他的性格只会让他把最后一分钱都输光,他注定是个输家。

谁知老哈利却不以为然,他坚持要小哈利再进赌场。老哈利说:"赌场是世界上博弈最激烈、最无情、最残酷的地方,人生亦如赌场,你怎么能不继续呢?"

小哈利只好再去打短工。

他第三次走进赌场已是半年以后的事了。这一次,他的运气还是不佳,又是一场输局。但他吸取了以往的教训,冷静了许多,沉稳了许多,当钱输到一半时,他毅然决然地走出了赌场。虽然他还是输掉了一半,但在心里,他却有了一种赢的感觉,因为这一次他战胜了自己!

老哈利看出了儿子的喜悦,他对儿子说:"你以为你走进赌场,是为了赢谁?你是要先赢你自己!控制住你自己,你才能做真正的赢家。"

从此以后,小哈利每次走进赌场,都给自己制定一个界线,在输掉10%时他一定会退出牌桌。再往后,熟悉了赌场的小哈利竟然开始赢了,他不但保住了本钱,而且还赢了几百美元!

这时,站在一旁的父亲警告他,现在应该马上离开赌桌。

可头一次这么顺风顺水，小哈利哪儿舍得走？几把下来他果然又赢了一些钱，眼看手上的钱就要翻倍，这可是他从没有遇到过的场面，小哈利无比兴奋！谁知，就在此时形势急转直下，几个对手大大增加了赌注，只两把，小哈利又输得精光……从天堂瞬间跌落地狱的小哈利惊出了一身冷汗，他这才想起父亲的忠告。

如果当时他能听从父亲的话离开，他将会是一个赢家。可惜，他错过了赢的机会，又一次做了输家。

一年以后，老哈利再去赌场时，小哈利俨然已经成了一个像模像样的老手，输赢都控制在10%以内。不管输到10%，或者赢到10%，他都会坚决离场，即使在最顺的时候他也不会纠缠！

老哈利激动不已——因为他知道，在这个世上，能在赢时退场的人才是真正的赢家。

老哈利毅然决定，将上百亿的公司财政大权交给小哈利。听到这突然的任命，小哈利倍感吃惊："我还不懂公司业务呢！"老哈利却一脸轻松地说："业务不过是小事。世上多少人失败，不是因为不懂业务，而是控制不了自己的情绪和欲望！"老哈利很清楚，能够控制情绪和欲望，往往意味着掌控了成功的主动权。

船王哈利训子秘诀：能在赢时退场的人，才是真正的赢家。

知识导航二　经济学即选择学

众所周知，很多沉迷于赌场的人总会落得倾家荡产、妻离子散的下场，刚步入赌场的新手会由于尝到一点甜头，便臆想只要自己赌就会赢。于是欲望不断变大，即使是输了也总是会感觉自己下次一定能把本钱"捞"回来。正是由于人们的这种心理，导致最后一发不可收拾的局面。所以说，既然我们都熟知欲望是无限的，那么我们在做一些事情的时候要学会控制自己的欲望，比如说你有100块钱用来卖水果，有苹果、桃子、葡萄等十多种水果，但是由于资金有限，你必须从中选择卖什么和不卖什么。

那么，我们为什么总是会陷入难以选择的困境呢？

道理很简单，这是因为人们所获得的经济资源及商品和服务的数量是有限的，而人的欲望则是无穷的，在经济学上称为"稀缺性法则"。如何解决资源的稀缺性这个最基本的问题？经济学给出了它的答案："选择"。

由于资源是稀缺的，所以我们面临着相互交替的选择，要增加"大炮"的生产，就会减少"黄油"的生产，要优先满足"效率"，就要牺牲一定的"公平"，也就是通常我们所说的"鱼与熊掌，两者不可得兼"和"天下没有免费的午餐"。优先满足什么，这取决于我们的价值取向。希特勒当时是要"大炮"而不要"黄油"，而现在政府更多的选择是用"黄油"来提升人民的生活水平。

为此，我们就得学会选择。"学会选择"意味着两点：一是要对需要分轻重缓急，必须将有限的资源优先满足当前最重要、最迫切的需要；二是要有选择的能力和方法，即能够做到"有效率的选择"。

我们身边的社会经济生活也是这样。手上的资金有限，市场上的商品则是无限的，什么都想买，却被资金限制住了，所以要做出选择，什么对自己的用处最大就买什么。正是因为稀缺性的存在，我们会面临很多的取舍和选择。比如，放学了，你是选择去学校外面吃饭还是在学校食堂吃；放假了，你是选择坐客车回家还是选择坐火车；毕业了，你是选择工作还是继续深造等这一系列选择都是你要面对的。有人说，经济学就是选择学，通过学习你会运用经济学思维分析和决策，以做出更佳选择。

为了得到我们喜爱的一件东西，通常就不得不放弃另一件我们喜爱的东西，做出选择要求我们在一个目标与另一个目标之间有所取舍，所以说选择也意味着放弃，你的选择越多往往意味着你要放弃的东西也越多，因为你拥有的资源是一定的。

以学生为例，分析一个学生如何配置他最宝贵的资源——时间。他可以选择把所有的时间用于学习经济学；他可以选择把所有的时间用于学习管理学；他也可以选择把时间分配在这两个学科上。他如果选择把某一个小时用于学习一门课，那么他就必须放弃本来可以学习另一门课的一小时。而且，对于他用于学习一门课的每一个小时，他都要放弃本来可以用于睡眠、骑车、看电视或打工赚零花钱的时间，因为他可以支配的时间总数是一定的。

当人们组成社会时，他们面临各种不同的交替关系。典型的交替关系是"大炮与黄油"之间的交替。我们把更多的钱用于国防以保卫我们的海岸免受外国入侵（大炮）时，我们能用于提高国内生活水平的个人物品的消费（黄油）就少了。在现代社会里，同样重要的是清洁的环境和高收入水平之间的交替关系。要求企业减少污染的法律增加了生产物品与劳务的成本。由于成本高，所以这些企业赚的利润少了，支付的工资低了，收取的价格高了，或者是这三种结果的某种结合，因此尽管污染管制给予我们的好处是更清洁的环境，以及健康水平提高，但其代价是企业所有者、工人和消费者的收入减少。

社会面临的另一种交替关系是效率与平等之间的交替。效率是指社会能从其稀缺资源中得到最多东西。平等是指这些资源的成果公平地分配给社会成员。换句话说,效率是指经济蛋糕的大小,而平等是指如何分割这块蛋糕。在设计政府政策的时候,这两个目标往往是不一致的。

例如,我们的考虑目的在于实现更平等地分配经济福利的政策;某些这类政策,如福利制度或失业保障,是要帮助那些最需要帮助的社会成员。另一些政策,如个人所得税,是要求经济上成功的人士对政府的支持比其他人更多。虽然这些政策对实现更大平等有好处,但它以降低效率为代价。当政府把富人的收入再分配给穷人时,就减少了对辛勤工作的奖励。结果人们工作少了,生产的物品与劳务也少了。换句话说,当政府想要把经济蛋糕切为更均等的小块时,这块蛋糕也就变小了。

认识到人们面临交替关系本身并没有告诉我们,人们将会或应该做出什么决策。一个学生不应该仅仅由于要增加用于学习经济学的时间而放弃心理学的学习。社会不应该仅仅由于环境控制降低了我们的物质生活水平而不再保护环境,也不应该仅仅由于帮助穷人扭曲了工作激励而忽视了他们。然而,认识到生活中的交替关系是重要的,因为人们只有了解他们可以得到的选择,才能做出良好的决策。

【相关案例】选择越多越好吗?[①]

有研究人员在某大学附近的一个超市里进行了有趣的实验:他们设置了两个销售果酱的摊位,一个出售6种口味的果酱,另一个则有24种口味。结果显示有24种口味的摊位果然吸引了更多顾客,但是最终6种口味的摊位的实际销售量却超过了24种口味的摊位。

还有研究人员在一个营销实验中,对某品牌电视机进行了如下安排:

[①] 姚凤芹. 经济学之通俗论 [M]. 沈阳:辽宁大学出版社,2012.

第一组可选择的有 2 款：A 款（3999 元），B 款（4999 元）。

第二组可选择的有 3 款：第一组的两款，以及一款高端产品 C 款（8999 元）。

结果发现，在只有两款选择的情形下，43% 的消费者选择购买 B 款电视机（4999 元）；而在有三款选择的情形下，60% 的消费者选择购买 B 款电视机（4999 元）。这说明，增加一个高价产品，其本身销量未必会增加，但它强化了客户对次高价位产品的感知，并影响到原来选择低价产品的客户去购买次高价位的产品。

知识导航三　有选择就有放弃，但有选择才更幸福

人们一直认为，买东西时的选择越多越好，但市场研究者发现，随着选择的增加，消费者从购买中获得的效用其实并没有提高。恰恰相反，随着选择的增加，人们开始感到难以招架，并且，越来越强烈地感觉自己做出错误决定的风险也越来越大，以至于不愿做出决定。

心理学家解释说，过多的选择降低了人们购买的满意度，让消费者更加焦虑，于是更加不能从购买过程中获取快乐。虽然比起"毫无选择的余地"，我们还是偏爱有所选择，但选择太多，使我们的快乐随着选择数量的增加而迅速减少。营销专家的研究结果表明，每种型号的产品提供 3 种已完全足够了，而不管卖什么，提供 7 种以上的选择都会适得其反。在过多的选择面前，即使经验丰富的消费者也不得不担心自己会后悔做出的任何一种选择。

事实上，商家的确是这么干的，翻阅一下汽车、手机、化妆品的产品目录，商家们其实并非奢望卖出多少"豪华套装"和"顶级配置",而是利用消费者这种选择的心理来提高消费者对相关产品的期望价位。

只要有选择就会有放弃,通常在经济学上,将这种情况称为"世上没有免费的午餐"。希望大家能够把这句话牢牢记住,尤其在进行经济活动的时候,在面临抉择的时候,想想这句"世上没有免费的午餐",相信它会给你带来很大的帮助。否则,我们就很容易在面临"免费午餐"的提议时铸下大错,也许你所放弃的机会成本是最大的。在现实生活中,人们总是喜欢免费的午餐,并不是因为他们不理性,而是因为理性的人总是希望别人为自己支付午餐费用。

经济学上的第一个基础假设是:"个人"(individual)是所有经济分析的基本单位。这就是说,任何经济问题不可以从一群人、一个团体、一个社会或一个国家为起点来分析。说什么宏观经济,社会福利,或什么政府策划,都一定要以个体或个人为分析单位。

以"个人"为分析单位,是不论男女,不分长幼,也不管某些人的精神是否有毛病。不管某甲是天才,某乙是蠢材,我们都一视同仁地把个人作为分析单位。而"个人"者,是任何有观察力的人都可以鉴辨的。同样重要的是,凡是一个基础上的假设,是不能朝令夕改的。"个人"的假设亦不例外。我们不可以将一些问题以个人为起点,而另一些问题却以集体为起点。当然,好多问题是关乎集体而非个人的,但分析集体问题时,还是要以个人为起点。

为什么"个人"是如此重要呢?答案是,所有决定或选择都是由个人做主的。集体的决定,是由个人的决定集合而成。那是说,即使一个人在极权的政治下失去了自由——被形势所迫而没有自由——这个人还是做了不自由的选择。换句话说,天下没有绝对的不自由,也没有绝对的自由；选择是一定有局限的不自由，也没有绝对的自由；选择是一定有局限的约束，而这选择是由个人做主的。经济学的"个人做选择"的假设，接受的人多了，所有的经济问题就成了选择的问题。经济学家认为应该给普通人以选择机会。人都是理性的，每个人都能根据自身情况做出合理的选择。

没有选择机会，就意味着"不得不"，意味着被强制，意味着个人的意志得不到尊重，个人的自由得不到保障，所以没有选择机会的人不会感到幸福。一个孩子，如果他在人生的每一个十字路口，只能接受其父母和家庭的安排，而无权自己选择，那么这个孩子不会感到幸福。同样，一个公司职员，如果他始终只是公司的一颗螺丝钉，其自由意志得不到表达，他就不能实现心中的梦想，这个员工就不会感到幸福。

尽管打着自由选择的幌子，但实际上却限制了个人选择余地的做法，是一种强迫，那不会给人真正的幸福。自由主义哲学家霍布豪斯（Hobhouse，Leonard Trelawney）曾举例：某人坠入悬崖，无法自救，另一人在崖上与其谈判，称若坠崖者愿以全部家产相赠，他就扔一绳索救之，否则便会离开让坠崖者自生自灭。此例中坠崖者答应以全部家产交换一救命绳索，看起来是自愿的（自由选择）。但实际上他不是自由的，是不得不做此选择，因为他已经别无选择。

霍布豪斯的故事在生活中或许有其他版本。譬如工人愿意接受工厂恶劣的环境和微薄的薪酬，看似自由选择，但实际上可能不是，因为工人的处境可能恰好与那个坠崖者一样，他们除了"自愿"全部付出自己唯一的资产——人力资产之外，别无选择。这为社会向工人提供起码的工作条件和基本的生活保证提供了一个理由：社会保障系统的作用，在于使得工人的选择机会有所扩大。

给人们更大的选择自由的政策，可以给人们带来更高的主观效用。比如，若要对贫困学生家庭进行补贴，经济学家更赞成对贫困学生家庭进行货币补贴而不是发放食品券，因为货币可以用于购买任何东西，而食品券只能用于购买食品，所以货币补贴可以比等价值的食品券给家庭带来更多的选择机会，从而是一种更有效率的补贴方式。

甚至在孩子的教育中，扩大选择机会这一原则也是实用的。茅于轼先生写过一本书《给你所爱的人以自由》。在书中，他谈到了父母总是希望管教孩子，帮助孩子决定专业、婚姻等诸多人生大事，但这样做未必见佳。真想要一个人更好成长，最好的途径应该是给他自由。给一个人自由，就是给予一个人选择的机会，这是让他幸福的前提。也许，有人会说，孩子的选择可能是错误的，但问题是父母的选择也不一定就正确。一个人没有理由用一种可能不正确的选择去干预另一个人可能正确的选择。倘若一个人的选择并不构成社会公害，那么限制其选择的自由始终是不对的。

扩大一个人选择的机会，尊重一个人选择的自由，有时会以牺牲他人的机会和自由为代价，但大多数时候并非如此。大多数时候，不同人的机会和自由是可以同时增加的。若确实遭遇到人与人之间在机会和自由上的冲突，那么"平等"就是一个基本的原则。任何一个人不应有凌驾于他人之上的特权，因此我们在这些冲突的时刻应努力促进人们享有平等的机会和自由。

第二节 人是理性的

情景引入：阿星是理性的吗？[①]

2005年7月14日的《南方周末》杂志曾刊登一篇名为《阿星的内心挣扎》的文章，讲了一个青年阿星杀人犯罪的心理。而另一篇网络评论则写道：一个从大山深处走出来的贫困青年阿星，何以沦落成为一个杀人犯，从而走向了生命的终点？他说："穷，我可以忍受，只要别人待我好点。"他又说："四个月没有休息过一天，但只旷工一次就被开除了。如果不是每天工作12小时，如果一个月能休息一天，如果我的工钱再少许多一点，我绝不会走这条路。"他想如果选择忍耐，一个月辛辛苦苦只能挣几百元钱；但是抢劫，只要一次得手就可有几千，乃至上万的收入。这在经济学上叫机会成本，机会成本越高，忍耐的可能性就越小。阿星也知道被抓后可能会被枪毙，但他说："只要能给家里留下一笔钱，使父母的日子过得好一点，我愿意死。"他是个孝子，他爱他的父母、弟妹，为了他们的生活能好一点，他并不怕死，他说他的同伙都有这种想法。

很多时候，人们认为违法和犯罪行为是非理性的。的确，有些违法和犯罪行为是非理性的，如冲动杀人。但更多的违法犯罪行为，可能是理性算计的结果，只是这种理性是违反法律的犯罪行为。

---

① 崔晓芳. 在日常小事中培养自己的经济头脑 [M]. 太原：山西经济出版社，2012.

知识导航四　经济学的重要假设——人是理性的

经济学是理解人们行为的方法，它源自这样一种假设：人人不仅有自己的目标，而且还会主动选择正确的方式以实现这些目标。

人们看《西游记》，会对猪八戒有种亲切感，尽管他有很多毛病，好吃懒做、好色，但是他很率性，很符合人性，这点引起了很多人的共鸣。猪八戒一旦遇到势力强的妖怪，打不过，就说我们散伙吧，分分行李，回高老庄。他心里在衡量如果继续打下去，说不定小命都丢了，不如回高老庄老婆孩子热炕头，他在盘算哪个更合适，当然是回高老庄更划算了，我们大多数人也会这样认为的。其实这就是我们一般人思考问题的方法：衡量做这件事付出的成本和所得到的收益，如果成本大于收益就不做，如果收益大于成本那么做就是合适的。

唐僧是怎样的？好多漂亮的女妖精魅惑都不能打动他，好像他不是人类。唐僧为什么不留下享受荣华富贵？唐僧如果动心不去取经要付出的成本是：第一，他会辜负李世民，上路前唐王与他拜了兄弟，称他为御弟，赠送了他价值上万两白银的袈裟和禅杖。第二，违背他的信仰，他的名声也将一败涂地。相比之下他的成本是非常高的，而且取经成功将立地成佛，那将是无上的荣誉。对比成本和收益，理性的选择就是执着地排除万难得到正果。

我们看到人思考事情都是理性的。这是经济学的基本假设，即经济学认为人是理性的。人都希望以尽可能少的付出，获得最大限度的收益。我们每个人都努力使自己的处境变得更好。我们人人都有自己的目标，而且还会主动选择正确的方式以实现这些目标。

目标是什么？人是利己的。人性自古以来没有变化。或者说人是自私的，人的目标是使自己的利益最大化。

英国的经济学主要创立者之一，亚当·斯密（Adam Smith），他在《国富论》里面写道："很多时候，一个人会需要兄弟朋友的帮助，但假如他真的要依靠他们的仁慈之心，他将会失望。倘若在需求中他能引起对方的利己之心，从而证明帮助他人是对自己有益的事，那么这个人的成功机会较大。任何人向他人提出任何形式的交易建议，都是这样想：给我所需要的，我就会给你所需要的——这是每一个交易建议的含义；而我们从这种互利的办法中，所获的会比我们所需的更多。我们的晚餐可不是得自屠夫、酿酒商人，或面包师傅的仁慈之心，而是因为他们对自己的利益特别关注。我们认为他们给我们供应，并非行善，而是为了他们的自利……"[①]

所以，每个人都会尽其所能，运用自己的资本来争取最大的利益。一般而言，他不会意图为公众服务，也不自知对社会有什么贡献。他关心的仅是自己的安全、自己的利益。但如此一来，他就好像被一只无形之手引领，在不自觉中对社会的改进尽力而为。在一般的情形下，一个人为求私利而无心对社会做出贡献，其对社会的贡献远比有意图做出的大。

在我们日常生活中有很多类似的例子，不妨观察一下婴儿。婴儿在实现自己目标过程中只有一种工具，那就是当他饿了或者尿了，就会大声哭闹，来引起周围大人的注意赶快过来处理问题。婴儿具有理性，小猫也如此。比如，你本应该抚摸一下自己的爱猫，可是你却全神贯注地

---

① 董德歧. 防腐蚀企业职业（项目）经理人及其相关管理基础知识 [J]. 全面腐蚀控制，2005（3）：2—5.

看电视，这时你的猫咪会趴在你的电视机前面，挡住你的视线，还会不时地发出怜叫的声音，用这样的方法来引起你的注意。无论是婴儿还是小猫小狗，他们在用屡试不爽的方法来达到自己的目标。

下面列举几个简单的实例：第一个例子，假设你正在设计一座公园，其中一项内容是在一片绿地中设计步行小道。很多逛公园的人都希望尽可能省力到达自己想去的地方——两点间最短的距离。你应该听取一些建议，相应地采取一些措施：篱笆、对角线步行小路、有点粗糙的路面，或者使用其他绿色植物代替草地等。不太有效的方法就是树立指示牌，以提醒人们如果抄近路穿越绿地会带来不良的践踏后果，试想人们会按照你提醒的来做吗？

理性是对个人行为而不是团体行为的一种假设，虽然很多人都喜欢草地，但之所以最终决定抄近路，是因为抄近路能够让他们获得收益（节省时间）大于自己所付出的成本（只是踩坏了草坪），并且这种成本不是附加在自己身上的。所以，抄近路这种行为对自己而言，收益远远大于成本。

第二个例子是男卫生间选址规律。男卫生间从三维空间角度来看，总是与女卫生间挨着。建筑单位的目的之一就是使建筑成本最小化，建造两个小型管道通风装置的成本要大于建造一个大型管道通风装置。因此，男女卫生间紧挨在一起建造，以便共用一个通风口，这样更为经济。

第三个例子，"医善吮人之伤，含人之血，非骨肉至亲，利所加也"。这句话说医生帮助病人吸吮伤口的脓血，他与病人无亲无故，为什么这样做，因为可以挣到钱。战国时，吴起是位名将，他领兵打仗，吃住与士兵一起，对士兵嘘寒问暖。一个士兵回家探亲，与他的母亲说起吴起的好，他说一次他的伤口化脓，吴起亲自帮他把脓血吸出。他的母亲听到之后就大哭，说来年就再也看不到她的儿子了。因为她知道，吴起这样做就是为了让他的士兵感恩，打仗时能勇猛向前。

许多针对主流经济学的批判意见，都集中在这个"理性人"假设上。他们的批判有一定的道理，因为人们的确有一些非理性的行为。有很多人因为一时的激情、冲动而干下傻事，也有很多人因为对事情思虑不周而功败垂成。但是，就绝大多数情况而言，绝大部分人的行为选择是理性的。甚至一些看似不理性的行为，可能也存在理性算计的基础。

做出理性假设的第一个原因是：理性假设往往比其他假设都能更好地预期人的行为，理性预期的假设可以提高我们预测的准确性。比如，在大街上行走，来了一辆车，我会预期他不会故意开车撞我。因为我与他完全不认识，他撞我得不到任何利益，反而要付出高昂的医疗费，是不值得的。我的判断绝大多数是正确的。正如警察办杀人案时，都会先考虑是不是仇家，或是抢劫劫色，因为无缘无故一般人是不会杀人的。

第二个原因是，当对市场或大众进行预测时，重要的并不是单个人的行为，而是许多人的总体行为。如果非理性的行为是随机出现的，那么，我们所观察的则是一种平均效果。

第三个原因是，我们通常并不是与一批随机遇到的人在打交道，而是与那些经过选择的、起着特定作用的人们在打交道。如果公司随机挑选CEO，那么，比尔·盖茨（Bill Gates）也许仍然还只是个编程人员，微软公司很可能在盈利最大化方面比实际做得要糟糕得多。但是，并不想利润最大化的人，或者是不知道如何才能使利润最大化的人，是不可能得到CEO这份工作的。如果他们得到了这份工作，也许是因为遗产的造化，但他们不可能长久保住这个职位。如果他们得以保住这个职位，他们的公司很可能会走向倒闭。因此，可以放心地假设那些经营着公司的人们都知道自己正在干些什么——这是从总体上或平均角度来说的。由于损失钱财的公司最终会倒闭，理性的利润最大化的假设，被证明是一种相当不错的预测和解释公司行为的方法。

【相关案例】你的生命值多少钱？[①]

我们常说生命无价，但是如果我们观察一下现实生活中人们在对待自己生命时的表现就会发现，人们也常拿自己的生命与相当次要的价值作交换。比如，许多人即使相信吸烟会缩短寿命，却照吸不误。我就愿意吃一些果仁巧克力，即使因此而增加得心脏病的机会我也不在乎。

虽然，我每隔一定时间要以牺牲一点寿命为代价做些交换，但我决不会拿自己的全部生命来做交易，即使是为了非常大的一笔钱我也不会这样做。之所以这样，理由很简单：一旦我死了，我也就不能再花钱了。显而易见，并不是因为人的生命价值无限，而是因为钱对于一个尸体来说毫无用途。

即使你既不吸烟，也不贪食，你也会经常为了其他一些价值而豁出点儿生命。当你横穿马路时，你实际上也在增加（很少一点）被撞的机会；购书或看电影的每笔钱原本可以用于医疗检查或在自己的车上安装一个安全装置；再有，如果所吃的食品并非是营养学家所推荐的，你也是在选择一种放弃。从概率意义上说，这是用一点生命做代价在与其他东西进行交换。

在对待生命这一问题上，一种可能的反应就是：人们应该首先购买"足够"的医疗保健，然后再将自己的钱财用于其他收益较低的目标，

[①] ［美］戴维·费里得曼. 生活经济学［M］. 赵学凯，等译，中信出版社，2003：9.

而且聪明的人就是这么做的。经济学家的回答是,虽然在医疗保健方面的额外开支可能会带来很多实惠,但也会把你的全部收入都消费掉。"足够"的概念作为由医学所决定的绝对量是没有什么意义的。究竟多少合适取决于它的价值是多少以及成本是多少。如果你很少花钱看病,而把钱更多地用在其他方面,这样能使你生活得更好,你也就是在购买非常多的医疗保健。当你横过马路,以便走过去与一位朋友交谈,从中所得到的乐趣,如果能够与可能会被撞伤的风险成本持平时,你就是在购买足够的安全性。

知识导航五　成本收益法

经济这个词来源于希腊语,其意为"管理一个家庭的人"。乍一看,这个起源似乎有点奇特。但事实上,家庭和经济有着许多共同之处。一个家庭面临着许多决策,它必须决定哪些家庭成员去做什么,以及作为回报每个家庭成员能得到什么,谁做晚饭?谁洗衣服?谁在晚餐时多得到一块甜点?谁有权选择看什么电视节目?简言之,家庭必须考虑到每个成员的能力、努力和愿望,以在各个成员中配置稀缺资源。和家庭一样,一个社会也面临着许多决策。一个社会必须决定将要做哪些工作和谁做这些工作。社会需要一些人种粮食,另一些人做衣服,还有一些人设计电脑软件。一旦社会分配人们(以及土地、建筑物和机器)去做各种工作,它还应该分配他们生产的物品与劳务量。社会必须决定谁将吃鱼子酱而谁将吃土豆,它还必须决定谁将开保时捷跑车而谁将坐公共汽车。

由于人们面临着交替选择关系,所以,做出决策就要比较可供选择的行动方案的成本与收益。

在市场经济条件下，任何一个经济主体在进行经济活动时，都要考虑具体经济行为在经济价值上的得失，以便对投入与产出关系有一个尽可能科学的估计。

经济学的成本收益分析方法是一个普遍的方法。人们在做选择的时候会衡量做这件事情的成本以及所能得到的收益，如果成本大于收益，做这件事情是不划算的，人们就不会去做；如果成本少于收益，做这件事情是有利可图的，人们就可能会去做。在经济活动中，人们之所以要进行成本收益分析，就是要以最少的投入获得最大的收益。成本收益分析是一种量入为出的经济理念，它要求对未来行动有预期目标，并对预期目标的几率有所把握。

【相关案例】 传统婚恋与网恋的成本分析①

在传统的婚恋形式中，男女交往过程中的相互了解需要付出大量的成本。如何认识自己有感觉的异性？如何让他（她）对自己同样产生感觉？如何了解对方的喜怒哀乐并让对方同样了解自己？男女交往过程中，男性太热情往往给女性留下人不沉稳的印象，而不太热情则会让女性产生男性对她没有兴趣的感觉。对度的把握是一种高难度的艺术，有多少互相爱恋的男女因为无法将信号恰当地传出，不得不遗憾终生。"在网上，没有人会知道你是一只狗。"一些在现实生活中无法向周围人，尤其是异性沟通的事情，在网络上可能更愿意敞开心扉。通过长时间的网上交流，男女间可能已经比现实生活中恋爱男女有着更深层次的

---

① 花尾鱼微博《网络经济学分析》2012.8.9，部分参考 http://blog.sina.com.cn/u/2902195727

了解。当双方从网络走向现实,可以省去不少了解的过程,结婚可能是一件水到渠成的事情。

当然,网恋也会增加一些交易成本,如因双方的信息不对称而导致信息筛选成本增加。在现实的新闻报道中,经常出现少女因网恋被骗的例子,这些也是不少人对网恋持负面评价的原因。从现实看,无论是网恋还是传统的介绍或是自然而然的相识,均面临一个信息的筛选问题,女性在恋爱中受骗也不仅仅出现在网恋之中。新闻媒体报道较多的可能原因之一是网恋作为一个新事物,大家的关注度比较高,新闻价值比较明显。原因之二是,在现实中恋爱,男女性可能有共同的圈子,欺骗会给欺骗方造成较大的舆论上的压力,使得感情欺骗的成本较高,从而降低了感情欺骗发生的概率,而网络不存在这样的约束条件,欺骗感情现象发生的概率可能较高。为降低这种现象的发生,网恋中的男女事先投入的信息筛选成本会相较于传统婚恋方式高。

【相关案例】生育的成本收益分析[①]

孩子是家庭中生产的一种特殊商品,它既可以满足当前的消费需求,又可以用来做远期的投资。父母在做出是否养育孩子以及养育孩子的数量方面的决定时,同样要遵循成本收益分析。

一、收益

养育孩子的收益主要包括以下三个方面:

1. 养老与保险收益。这目前主要存在于发展中国家,因为发展中国家的社会保险和养老体制都远远落后于发达国家,养老保险不得不很大程度上依赖子女。随着社会保障机制的不断完善,养儿防老的观念有

---

① 养育孩子的经济分析 [EB/OL]. 豆丁网, 2014-04-29.

不断弱化的趋势。

2. 经济收益。指孩子成为劳动力后为家庭带来的经济收入。

3. 消费享乐收益。即孩子这种特殊的商品能满足父母的某种精神需求，带来天伦之乐。

此外，孩子还有继承家业维护家庭地位的效益等。自古至今，随着时间的推移和经济的发展，养育孩子能带给父母的收益是缓慢递减的；孩子的边际收益也是递减的，即随着孩子数量的增加，每增加一个孩子带给父母的收益是递减的。

二、成本

生产孩子这种商品的成本由直接成本和间接成本两部分构成。所谓直接成本，指养育一个孩子所需的生活费用、教育费用和婚姻费用等所有费用的直接支出。间接成本，也就是机会成本，指父母抚育孩子时因损失时间和就业机会等而减少的收入与享受。无论是直接成本还是间接成本都是父母的一种损失，称之负效应或负满足。[①]

据美国经济学家曼柯·奥尔逊（M. Olson）估计，在1980年美国一对夫妇要花费214956美元来生育抚养一个男孩到22岁。[②] 如果再上四年制大学的话，总开支达226001美元。以上数字还没有考虑所花费的时间成本。1975年的一项调查表明，具有高中文化程度的母亲平均每年花费487.1小时照看0—2.9岁的小孩，364.9小时照看3—4.9岁的小孩，花费110.1小时在13—17.9岁的孩子身上。另外，平均每年花费181.1小时在小孩上学。有人计算，从小孩出生一直养育到18岁，

---

① 罗丽艳. 孩子成本效用的拓展分析及其对中国人口转变的解释 [J]. 市场与人口分析，2003（3）：13—21.

② 夏玲英. 女性与家庭 [M]. 上海：上海教育出版社，2003：113.

母亲照看孩子花费的时间价值为1781766美元。这里面父亲的时间价值还没有计算在内。

因此，在理性经济人的前提下，父母是否生育孩子的决策，取决于生育孩子的成本收益对比。若支出大于收入，则为负效应，不需要孩子；若收入大于支出，则为正效益，需要孩子；收支平衡时则取决于随机因素。

成本的存在表明孩子是某种形式的消费品，在时间的持续上表明是耐用消费品。这样，他们不得不与其他耐用消费品一起为在家庭预算中占有一定份额而竞争，更多的孩子意味着更差一点的音响设备或更小一些的汽车。那么，是否要孩子以及要多少孩子的决策，必将受到这样一些因素的影响，如孩子的收益和价格，家庭预算的大小等。一般来说，耐用消费品的需求随着收入的增长而增加。但是数据表明，家庭规模是随收入的增加而缩小的，难道孩子是劣质品吗？

家庭中孩子数量随着经济收入的增加而减少的原因可以归结为两个方面，第一是养育孩子的收益的在不断下降，第二是养育孩子的成本也就是孩子的相对价格上升。

收益下降方面：从动态角度观察，随着经济的发展与人均收入的增加，孩子作为家庭劳动力带来的收入作用呈下降趋势，而父母为孩子付出的货币成本特别是支付的教育与职业培训费用呈不断上升的趋势，结果使得孩子的劳动经济效益明显下降。由于父母的收入增加而不断积累的财富，加上社会保险和保障制度的不断发展与完善，孩子的养老保险效益也不断下降。唯有消费享乐效益变动不明确，且无必然性，可以看作不变。因此，孩子的边际收益随着经济的发展和人均收入的增加而降低，这是导致现代社会人口出生率与增长率不断下降和现代家庭孩子数量减少的主要原因之一。

成本上升方面：首先，直接成本方面，随着经济的发展和家庭人均收入的增加，用于孩子的货币成本特别是医疗保健和教育费用有不断上升的趋势，这是显而易见的。其次，养育孩子的成本的另外一个部分即间接成本是由父母的时间构成，这是一种具有替代用处的稀缺资源。随着经济的发展，人均收入和家庭总收入不断增加。但是家庭总收入的增加一般来自家庭成员的工资率的提高。工资率的提高又使得孩子的收益下降，相对价格上升，因此家庭对孩子的消费需求减少。

对于是否多要小孩，人们采用的方法都是成本收益分析法，但是人们的结论却不一样，有的经过分析选择多要，有的选择少要或不要，为什么？这就是我们接下来要探讨的，做同样的事情，不同的人的成本和收益是不同的。

第三节　机会成本

情景引入：给你 5000 万，你和她分手吗？[①]

某电视节目里，嘉宾做了个测试。他对台下的男观众说："现在我出 5 万元，只要你肯让出女朋友或者老婆。同意的不动，反对的举手。"所有人都举手反对，男观众们觉得看轻了他们的爱情。接着嘉宾又说："50 万！"几只手落下了。嘉宾再次报数："500 万！"现场一片安静，仅有几只手还在举着。

---

① 张再金，张溪竹. 漫话经济学［M］. 北京：中国法制出版社，2014.

最后，嘉宾又报出一个数："5000万！"台下就一个人还在举手。这男孩的女友却站起来说，她愿意。理由是：一个男人，能为一个女人出5000万，该是多么的真心！

爱情，金钱，是人生不可或缺的要素，当鱼和熊掌不可兼得的时候，如何选择呢？

选择其一而放弃另一，说明选择也是有成本的，这就是经济学上说的"机会成本"。

知识导航六　人们在决策中关注机会成本

机会成本是由选择产生的。一种经济资源，往往具有多样用途，选择了一种用途，必然要丧失另一种用途的机会，后者可能带来的最大收益就成了前者的机会成本。假设有一笔资金，可以把它存在银行里，也可以把它投入到企业运营中。假设选择的是把它投入到运营中，那么这笔资金储存的银行利息就是把资金投入企业运营的机会成本。

例如，当一个厂商决定生产一辆汽车的时候，这就意味着该厂商不能再用生产一辆汽车的资源生产10辆摩托车。于是可以说，生产一辆汽车的机会成本是10辆摩托车。假定10辆摩托车的价格是10万元，则可以说，生产一辆汽车的机会成本是10万元的其他产品。

比如消费，你有6000元钱，可以选择买一台自己喜欢的智能手机，也可以选择一次旅行或者参加一个培训班，但是一旦选择了一种，其他的选择就被排除了。那么，其他选择可能带来的好处，也一并消失。消失的这一部分，就被称为机会成本。

其实在婚恋世界，择偶也是一样，假设同时有数名倾慕者同时追求一位女士，无论这位女士最后选择谁，另外没被选择的男士就是她选择的机会成本。

资料1：

某企业有一笔闲置资金，如果用来购买设备，当年可盈利70000元，也可存入银行，每年得到利息50000元，那么，企业主如果将这笔钱用来购买设备，每年得到的利息50000元即为购买设备的机会成本。同理，若将这笔资金存入银行，就会损失因购买设备可获得的利润70000元，70000元即为存入银行的机会成本，很显然，决策者会选择机会成本小的方案，即将这笔钱用来购买设备，年获利70000元。

资料2：

投资者王某可以选择股票和储蓄存款两种投资方式。他于1999年9月1日用1万元购进某种股票，经过一年的操作，到2000年9月1日，投资股票的净收益为450元。如果当时他将这1万元存入银行，一年期定期储蓄存款的年利率为2.25%，扣除利息税，则有180元的实际利息净收益。这180元就是王某投资股票而放弃储蓄存款的机会成本。若考虑机会成本，王某的实际收益应为270元，而不是450元。如果到2000年9月1日，王某投资股票获得的净收益为150元，若考虑机会成本，他的实际收益则是亏损30元。

从上述案例中可以看出，引入机会成本可以帮助我们做出正确的选择，实现资源的最优配置。

理解机会成本要注意以下几点：

1. 机会是可选择的项目。机会成本所指的机会必须是决策者可选择的项目，若不是决策者可选择的项目便不属于决策者的机会。如某农民只会养猪和养鸡，那么养牛就不会是该农民的机会。

2. 机会成本是放弃的最高收益。放弃的机会中收益最高的项目才是机会成本，即机会成本不是放弃项目的收益总和。如某农民只能在养猪、养鸡和养牛中择一从事，若三者的收益关系为养牛＞养猪＞养鸡，则养猪和养鸡的机会成本皆为养牛，而养牛的机会成本仅为养猪。

3. 机会成本与资源稀缺。在资源稀缺的世界中选择一种东西意味着放弃其他东西。一项选择的机会成本，也就是所放弃的物品或劳务的价值。机会成本是指在资源有限条件下，当把一定资源用于某种产品生产时所放弃的用于其他可能得到的最大收益。

【相关案例】为什么没有免费的午餐？

想必很多人看过《春香传》这部韩国电影（根据朝鲜族民间故事《春香传》改编）。现在我们就用李梦龙和成春香来设想一个场景。眼看春节就要到了，车站人满为患，等着购票的人排成了一条长龙，李梦龙也夹杂在排队的行列之中。不管花多长时间他都会悠闲地在那里排队等着，反正也没什么事做。可是，如果换成成春香，她宁愿花两万韩元找人替她买票也不会把时间浪费在排队上，因为她的时间非常宝贵，一个小时就能赚十万韩元以上。

如果她省下那两万韩元花一个小时的时间来买车票，那她等于失去了十万韩元。将这件事放到经济学的角度上说，这十万韩元就叫作"机会成本"。

经济学里有两种"成本"，一种是我们能用眼睛看到的、清楚记录在会计账本上的数据，即会计成本，还有一种就是我们看不到的、虚拟的、有可能会发生的机会成本。

机会成本是指在很多选项中，因为只能选择一种，而必须放弃的其他价值或有利益的东西。简言之，就是"因为选择特定的选择而放弃的其他选择的价值或利益"。如果二选一，那么机会成本就是放弃另外一个选项的价值；如果三选一，那么放弃的选项中价值最大的就是这次选择的机会成本。

在经济学领域中，当人们处于经济活动中时，几乎总会出现与会计成本不一致的现象，而这个现象又是肉眼看不到的，它就是上面所说的机会成本。

因此，从经济学原理角度考虑，正确的选择就应该是选择利益大于成本的那一项。在考虑的时候，我们不仅要考虑会计成本，同时还要考虑机会成本。只有这样才符合经济学原理的决策，这种决策才算是合理的。

机会成本的概念是相对的，即便是处于相同的经济活动中，也会因人的角度不同导致产生的机会成本不同。就像上面《春香传》电影中买车票的事情，成春香花费一小时的时间购买车票，她的机会成本是十万韩元；而李梦龙除了买车票无其他事情可做，对于他来讲就不存在机会成本这一说。

因此，机会成本越大的人就越会把它考虑到实际经营当中去，而且这也是理所应当的。这也就是为什么李梦龙会悠然自在地站在人群里排队买票，而成春香却不会的原因。

当经济主体需要通过选择来做出某项决策的时候，都会有机会成本的出现。好比在市场上买东西讨价还价一样，可选择的方案不止一种，只要面临选择，就会有机会成本从另外的其他方案中产生。

事实上，任何单位或个人都会遇到选择方案的问题，政府也不例外。当制定经济政策时,为了达到预定的经济目标,只能选择利益更大的,放弃其他利益较小的。那些被放弃的经济目标就属于政府经济目标的机会成本了。

【相关案例】 为什么明星不愿意生孩子?

众所周知,女人生孩子不是一件简单的事情,做一个怀孕要生产的女星更是难上加难。有一种解释是,普通妇女的生育意愿更强烈,普通妇女比女明星喜欢要更多的孩子,这种解释似乎有些道理。但从经济学角度来讲,是因为普通妇女与女明星的"生育成本"或"孩子价格"不同而造成生育率的差异。这里的"生育成本"是指妇女生孩子和养孩子的机会成本,仅用10个月怀胎,还要用20个小时左右的时间来生产,要想生一个小孩总共需要6500个小时;另外,抚养一个小孩,每天要花4个小时,一共18年,加起来是26280个小时,这样养育一个小孩总共需要32780个小时。

如果一个妇女将32780个小时花在养育孩子上,那她在这段时间里就不能去赚钱了,假设普通妇女的平均工资是每小时10元,而女明星的平均工资是每小时100元。这样,普通妇女养育一个孩子的机会成本就是32.78万元,而女明星养育一个孩子的机会成本则高达327.8万元。

在偏好一致、收益相同的条件下,我们容易看出,女明星养育一个孩子的成本要比普通妇女养育孩子的成本高得多。经济学中认为个体都是理性的经济人,女明星会考虑自身的成本,选择不生育是她们的"理性行为"。

【相关案例】詹姆斯和小明的选择①

2010年NBA东部决赛被绿军击败后,詹姆斯成为自由人。他既可以选择留在骑士队,也可以选择加盟热火队。选择留在骑士队的话,他可能获得骑士一份为期六年的合同,这份合同总价值约为1.25亿美金。如果选择热火队的话,热火将给他一份6年1.1亿美元的合同。最终,詹姆斯选择热火,所以他的机会成本就是1.25亿美金。反之,如果他选择的是骑士队的话,他的机会成本就是1.1亿元。作为篮球巨星,詹姆斯选择的代价是相当高的。

小明是一名大学生,国庆长假期间他准备做兼职。现在有三份工作可以供他选择,第一份工作是发传单,每天70元。第二份工作是做推销员,每天80元。第三份工作是做家教,每天100元。如果小明选择发传单,他的机会成本就是100元。如果小明选择做推销员,那他的机会成本还是100元。如果他选择当家教,那么他的机会成本就是80元。

相比詹姆斯,大学生的机会成本要小很多,这就允许大学生们做更多尝试。所以大学生要敢于尝试,利用机会成本小的优势去拥有更多的锻炼机会。

【相关案例】校园兼职牺牲的是什么?

店面不到20平方米,墙边有一排小椅子,每个椅子前的地面上放着一个脚踏板,各式擦鞋修鞋的工具一应俱全。靠里的墙面还放着一个简单但不失精致的接待桌椅。2005年12月,"秘密筹划"一个月,成都某名牌高校的两名研究生联合本校和另一高校的3名本科生,在新光华村附近开起了"国内第一家由在校研究生开设的擦鞋店"。

---

① 机会成本案例分析[EB/OL]. 金锄头文库,2018年10月16日.

依靠自己的"第一家在校研究生开设"的金字招牌，擦鞋店开业头一天就赚了300多元。

从擦鞋店开业起，质疑声就未断过。西南财大一位老教授获悉原委后直接表达了自己的观点："你们都接受了高等教育，当中还有读计算机专业的研究生，应该说是非常专业了，擦鞋的活谁都能干，你们这不是大材小用吗？对你们举止我不反对，但我不理解。"还有一些市民更是尖锐地指出，这样做太影响平时上课，把钻研功课及其他的正事都耽搁了，实在不能理解。

有一个疑问一直在人们脑中，校园兼职到底该不该呢？暂且抛开人们的激烈争议，设想以经济学的眼光，该如何看待这样的事情——这依然是要涉及机会成本的概念。

知识导航七　机会成本的运用

在用机会成本分析之前，还要讨论一下读研究生和开擦鞋店之间的共性。依据当前的形势，上学和开店都是典型的风险投资行为，而且前者的风险还要高于后者。就投资成本而言，上学的投入比开擦鞋店明显要高。按常理推断，"研究生擦鞋店"的注册资本在3-4万元，而现在一个研究生上学一年的平均成本就超过1万元，就投资收益而言，近几年来，研究生就业几乎成了难关，而且是一年比一年难。甚至在浙江、江西等地，有的毕业生开始寻求"零工资"就业。与之相比较，开个擦鞋店的收益倒显得稳定得多。[①]

机会成本广泛存在于生活当中。对于个人而言，机会成本往往是我

---

① 张立娟，王彩霞. 每天学点经济学［M］. 北京：金城出版社，2009：226.

们做出一项决策时所放弃的东西，而且常常要比我们预想中的还多。以读研究生为例，现在的学校收费都普遍偏高，那么，一年的学费、书本费和生活费之和是不是就是入校成本呢？当然不是，还不仅这些。在选择上学的时候，其实机会成本已经产生。

上学的机会成本必须包括用于学习的时间的机会成本。如果将这些学习时间用于工作，那么也必然能得到一笔收入，只是你不得不放弃了。这样，就会发现上学的机会成本是"实际的花销"再加上"放弃的收入"，如果在读研前有一份收入不错的工作，那么读研的机会成本将变得更大。

就成本而言，上学的投入要比开擦鞋店大。虽然新闻报道没有披露"研究生擦鞋店"的注册资本是多少，但按常理推断，大约不会超过4万元，而上学就贵多了。尽管教育部门一再表示从来没支持过教育产业化，但现实中一些高校的确是把高等教育当产业办了。

所以没能继续上学的人也不要沮丧，如果没能上学就在别人上学的时间去做生意，在义乌就有很多当年高考失利的学生在高考后开始做生意。如果工作顺利，当年的同学大学毕业找工作的时候，那个没上大学的人就已经是老板了。

再回到前面所说的"研究生擦鞋"的案例当中，如果将读书与擦鞋两者的机会成本进行比较，就可以看出，研究生们牺牲部分学习时间用于擦鞋，其实是一种理性的经济选择，对于他们来说，放弃擦鞋的机会成本比放弃读书的机会成本更大。因此他们的行为并不难理解，不应该遭到人们太多的非议。当然需要指出的是，这里其实还涉及另外一种机会成本，即本文中已经提到的情感和观念的选择。相信从长远来看，研究生对于学业价值认同还是要高于擦鞋的，所以，他们是不会把读书的时间完全用于开办擦鞋店的,他们需要的是在两者之间找到一种平衡。

"机会成本",也叫"择一成本",是说在制定某项决策时必须做出一定的选择,而在被舍弃掉的选项里的最高价值者,就是这次决策的机会成本。比如,一块地是养猪还是养鸭?如果养猪,那机会成本就是放弃养鸭的收益。假日在家看电视还是到图书馆看书?若去看书学习,就缺失了享受电视剧带来的乐趣。再比如,在爱情里,是放弃事业,选择追求爱情,还是选择爱情,放弃辛苦经营的事业?如果选择了爱情,那机会成本就是事业带来的成就。

鱼和熊掌不可兼得,失去的越少越明智。此时重要的是运用机会成本的计算,选择最高价值的选项,寻求最大利益,从而降低成本。当人们面临两难选择时,最好的选择是结合自身的情况计算哪个对自己的将来更有利,就是人们常说的"两利相衡取其重,两害相权取其轻"。

【相关案例】净赚多少?

在创业的浪潮中,某服装公司经营部经理小王与夫人用自己的20万元资金办了一个服装厂。一年结束时,会计拿来了收支报表。当小王正看报表时,他的一个经济学家朋友小李来了。小李看完报表后说,我的算法和你的会计不同。小李也列出一份收支报表。这两份报表如下:

表1-1(单位万元)

会计的报表(会计成本)		经济学家的报表(经济成本)	
销售收入	100	销售收入	100
设备折旧	3	设备折旧	3
厂房租金	3	厂房租金	3

续表

会计的报表（会计成本）		经济学家的报表（经济成本）	
原材料	60	原材料	60
电力	3	电力	3
工资	10	工资	10
贷款利息	15	贷款利息	15
总成本	94	机会成本1：小王和夫人应得的工资	6
		机会成本2：自有资金利息	2
		总成本	102
利润	6	利润	−2

思考：根据这两个报表判断，小王与夫人的创业之举是否明智。

在上述案例中，我们可以看出考虑机会成本和不考虑机会成本的结果差别特别大，单看会计报表，小王赚了6万，但是计入机会成本以后，小王亏损2万。

如果说，经济学有什么关键词，那么机会成本显然是最重要的关键词之一。经济学家时刻都保持着对机会成本的警觉，因为只有考虑机会成本，才更有利于做出明智的决策。

第二章

消费中的经济学

第一节 商品的价格是如何确定的

情境引入：东西怎么都那么贵？

一本售价20元的书价格构成是怎样的？据了解，假如按8%版税率算，版税成本约1.6元；印制成本，即印刷费和纸张成本占书价的25%，约5元；出版社大约用6折的价格卖给经销商，中间出版社挣了大概5元；经销商利润约2.4元；零售商约赚6元。也就是说消费者花20元买了一本成本只有5元的书。

以一瓶550毫升在社区零售店售价为1.5元的矿泉水为例。水成本为1分钱；瓶子+盖+喷码+胶带约为0.17元①；营运和广告费约为0.22元；经销商平均以0.6元每瓶的出厂价拿货，再以平均1元每瓶的价格批发给社区零售店，零售店再以1.5元每瓶的价格出售。也就是说消费者花了1.5元买了成本仅一分钱的水。

---

① 钱瑜，王子扬. 瓶装水大促以去库存一味降价会有损品牌形象［J］. 中国食品，2017（18）：66—69.

以零售价为1219元的53度飞天茅台酒为例。生产成本含原材料3.2%，约40元；管理费用5.2%，约63元；销售与市场费用3.1%，约38元；经销商费用33%，约402元；交税6.4%，约78元；利润49.1%，598元。

面临现在的物价水平，老百姓们总会抱怨什么东西都那么贵。我们花的那么多钱到底都去哪了，我们买的到底是什么？有时候消费者从消费中获得的不仅仅是商品本身，还有商品带给我们的效用，因此各类商品才会有其各自的市场。商品的价格是由需求和供给决定的，需求者的竞争较大时，即供小于求时，价格上升。供给者的竞争较大时，即供大于求时，价格下降。除了供给，还有需求，它们共同决定了价格。需求很大部分是主观的。这涉及消费者效用，需求与供给对价格的影响。

知识导航一　市场供求与均衡价格

一、困扰李嘉图的难题——供给

亚当·斯密认为劳动决定了价格，即决定了交换的比率，这就是劳动价值论。一个商品包含的劳动量如果是另一种商品所包含的劳动量的两倍，那么一个这种商品可以交换两个另一种商品。劳动价值论理论被马克思所继承，也被我们中国人所继承。亚当·斯密后面的李嘉图也继承了这个学说，并广泛做演讲，影响极大，但是在一次演讲中遇到了一个难题。

一个听众问道："酿了两桶葡萄酒，一桶酿造后就销售出去，另一桶储存一段时间再销售，结果卖的价格会更高些。这桶葡萄酒的劳动量并不高，因为在储存期间并没有人类的劳动，但为什么价格更高？"这个问题一直困扰着李嘉图,使他的意志消沉起来,他给他的朋友写信说,他想放弃他的理论了,这个问题一直到他去世也没有得到解决。马尔萨斯认为,如果把价格认为仅仅由劳动决定的,那就太简单了,必然还有其他的因素在发挥作用,除了劳动之外还有资本在发挥作用。这样,拓展为劳动和资本两种因素。交换时看哪种商品赋含的劳动和资本多。后来人们又拓展为劳动、资本、土地、企业家才能四要素,认为价格是由这四种要素决定的。这四种要素其实都是影响供给的,人们只是站在供给的角度分析价格的(如图 2-1)

我们是温室的菜,所以价格高,别怨我们噢

一件东西的价值,有时不一定取决于人们的收益,而是付出。

图 2-1

【相关链接】尿素价格(2011-3-23)[①]

据相关数据显示,近期国内尿素行情继续下滑,跌幅大约为 20 元/吨左右。目前,部分地区的尿素出厂价格已经跌至 1850 元/吨左右,而

---

① 沃土. 2009 年国内化肥市场回顾、预测及影响因素分析. 学术会议,2009-09-10.

华南地区的经销商批发价也已跌破了2000元/吨。①

虽然近期国内尿素价格有所下跌,但是从总体情况来看,目前无烟煤价格、天然气价格、用电价格、运输费用等都在上涨,预计未来受成本上升和农产品价格上涨等因素的支撑,国内尿素价格下降空间有限。

任何一个企业都不会乐意以低于成本的价格销售产品。当生产成本提高,必然也会提高价格。

【相关链接】揭秘同容量SSD与优盘为何价差大

同为128GB容量的优盘和SSD,在体积上相差3倍~5倍之多,那么在有限的PCB板上贴的Flash颗粒数量就会不同。优盘最多可以贴2颗Flash,单颗容量为64GB;而SSD的PCB则可以贴8颗颗粒,单颗容量仅为16GB。

每款产品在核定价格出厂时,都会估算成本价。对于优盘与SSD而言,Flash闪存就是重中之重。单颗16GB闪存与单颗64GB闪存的价差就直接影响了成品的价格。那么,不同容量的单颗闪存区别在哪呢?

1. 价格不同

单颗容量越大的闪存价格越贵。这就好比打磨钻石,要在同样体积的基础上,打磨出更多棱角,就会费更多功夫,需要耗费的人力、物力、财力都会更多,当然成品的价格也会越贵。

2. 良品率不同

对于大容量优盘价格而言,良品率是非常关键的因素。在电子行

---

① 沃土. 2009年国内化肥市场回顾、预测及影响因素分析[C]//中国化工信息中心. 第十四届全国化肥市场("盐桥"钾肥)研讨会. 西宁:中国化工信息中心,2009.

业，产能是最能直接撬动成本的杠杆，产能越高成本越低。例如128GB优盘里面的单颗颗粒容量为64GB，需要多颗Flash堆栈而成，这里面涉及增加产品良率的问题，良品率越高则成本越高。简单通俗地讲，要做单颗32GB的闪存需要的成本远低于制作单颗容量为64GB的闪存，绝对不是等比增加成本的事情就可以定义的。而固态硬盘的PCB可以贴多个颗粒，单颗颗粒不需要过多的堆栈，反而增加了良品率，Flash生产难度大大降低，优盘成本高的原因大部分在这上面。①

二、不同歌手的价格之谜——需求

在生活中，美声唱法歌手演唱的门票便宜——即使是大腕，也不过几千、几万元，但是流行歌手演唱的门票昂贵——像周杰伦、王菲等能达到几百万元。

美声唱法是一种复杂劳动，需要长期专业训练，演唱也颇费力，与此相比通俗歌手的劳动要简单得多。

为什么有这么大的差距？如果供给决定价格，那么这个现象显然是很难解释的。这涉及影响价格的第二种力量：需求。

需求（Demand）是在一定的时期，在一既定的价格水平下，消费者愿意并且能够购买的商品数量。

需求显示了随着价格升降而其他因素不变的情况下，某个体在每段时间内所愿意购买的某货物的数量。在某一价格下，消费者愿意购买的某一货物的总数量称为需求量。在不同价格下，需求量会不同。需求也就是说价格与需求量的关系。

如表2-1，这是一张某种商品的各种价格和与其相对应的该商品

---

① 电脑系统维护经验与技巧［J］．电脑编程技巧与维护，2017（18）．

的需求量之间关系的数字序列表。

表 2-1

价格	5	4	3	2	1
需求量	9	10	12	15	20

需求规律是指当影响商品需求量的其他因素不变时,商品的需求量随着商品价格的上升而减少,随着商品价格下降而增加。这就是我们常说的需求规律。只有向右下倾斜的需求曲线才符合需求定理见图 2-2。

但是吉芬商品与需求定理在逻辑上是不能并存的。

英国人吉芬于 19 世纪发现,1845 年爱尔兰发生灾荒,土豆价格上升,但是土豆的需求量却反而增加了。这一现象在当时被称为"吉芬难题"。这类需求量与价格呈同方向变动的特殊商品以后也因此被称作"吉芬物品"。吉芬物品特殊性在于:它的收入效应超过了它的替代效应。这也就是吉芬物品的需求曲线呈现出右上方倾斜的特殊原因见表 2-2、图 2-3。

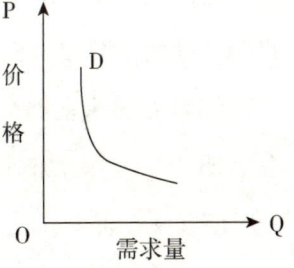

图 2-2

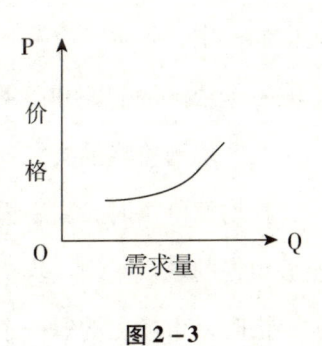

图 2-3

表 2-2

价格	1	2	3	4	5
需求量	9	10	12	15	20

影响需求量的因素有以下几种。

1. 商品本身价格。一般而言，商品的价格与需求量呈反方向变动，即价格越高，需求越少，反之则反。

2. 相关商品的价格，当一种商品本身价格不变，而其他相关商品价格发生变化时，这种商品的需求量也会发生变化。

3. 消费者的收入水平，当消费者的收入提高时，会增加商品的需求量，反之则反，劣等品除外。

4. 消费者的偏好，当消费者对某种商品的偏好程度增强时，该商品的需求量就会增加，相反偏好程度减弱，需求量就会减少。

5. 消费者对未来商品的价格预期。当消费者预期某种商品的价格即将上升时，社会增加对该商品的现期需求量，因为理性的人会在价格上升以前购买产品。反之，就会减少对该商品的预期需求量。

6. 人口规模、人口素质和人口结构，都会影响需求量的变化。一个地区的人口密度、居民的文化教育水平和文明程度，以及一定时期内人口的性别、年龄、家庭、职业、文化、民族等因素的构成状况，都会影响一个地区的商业和服务以及房地产等的需求。

三、均衡价格的决定

在均衡价格时，买者愿意而且能够购买的数量正好与卖者愿意而且能够出售的数量平衡。均衡价格有时也被称为市场出清价格，因为在这种价格时，市场上的每一个人都得到满足：买者买到了他想买的所有东西，而卖者卖出了他想卖的所有东西。

买者与卖者的行动自然而然地使市场向供给与需求的均衡变动。为了说明原因，我们考虑当市场价格不等于均衡价格时会出现什么情况。

首先假设市场价格高于均衡价格，在每个冰激凌蛋卷的价格在5元时，物品的供给量（10个冰激凌蛋卷）超过了需求量（4个冰激凌蛋卷）。存在物品的过剩：在现行价格时卖者不能卖出他们想卖的所有物品。这种情况被称为超额供给。当在冰激凌市场上存在超额供给时，冰激凌卖者发现，他们的冰箱越来越多地装满了他们想卖而卖不出去的冰激凌。他们对超额供给的反应是降低其价格，价格要一直下降到市场达到均衡时为止。

假设现在市场价格低于均衡价格，在这种情况下，每个冰激凌蛋卷的价格是4元，而且，物品需求量超过了供给量，那么就存在物品短缺。需求者不能按现行价格买到他们想买的一切。这种情况被称为超额需求。当冰激凌市场出现超额需求时，买者不得不排长队等候购买可提供的几个冰激凌蛋卷的机会。由于太多的买者抢购太少的物品，卖者可以做出的反应是提高自己的价格而不会失去销售量。随着价格上升，市场又一次向均衡变动。

因此，许多买者与卖者的活动自发地把市场价格推向均衡价格。一旦市场达到其均衡价格，所有买者和卖者都得到满足，也就不存在价格上升或下降的压力。在不同市场上达到均衡的快慢是不同的，这取决于价格调整的快慢。但是，在大多数自由市场上，由于价格最终要变动到其均衡水平，所以，过剩与短缺都只是暂时的。实际上，这种现象如此普遍存在，以至于有时被称为供求规律：任何一种物品价格的调整都会使该物品的供给与需求达到平衡。①

【相关案例】供给、需求与纸张的价格

以下的文章描述了纸张市场的发展。当你读这篇文章时，要试着判断需求曲线的移动和供给曲线的移动（要谨慎地区分曲线的移动和沿

---

① 袁文正. 冰激凌蛋卷的市场［EB/OL］. 中国讲师网，2016-03-09.

着曲线的移动的区别)。

纸浆的现实
杰瑞·阿克曼 撰写

从报摊或你的购物袋中不难发现全球经济好转的证据：纸张需求的迅速增加把价格推向新纪录。

几乎没有一种纸张不涨价。面巾纸、办公用纸、新闻纸，甚至纸板箱存货——所有这一切的价格都比 1994 年初上升了 25%～40%，而且预计也许就在夏天还会上升。

"工厂告诉我在以后的 6 个季度中情况还会这样持续下去。"波士顿一家办公用纸配销公司——帝国纸业公司的总裁爱德华·罗森布鲁姆（Edward Rosenblm）这样说。

超市购物者如果想用纸袋不想用塑料袋就要说出来；办公室管理人员竭力限制进行复印的次数；印刷者采取额外步骤来减少浪费，以免提高顾客的价格；而报纸有时也会减少篇幅并提高价格，以弥补报纸印刷成本的增加。

毫不奇怪，造纸商乐不可支，说造纸行业一直在消化前些年衰退的亏损。美国森林与造纸协会这家贸易组织的维吉尔·赫顿（Virgil Horion）说，过去 14 年中造纸行业的利润只有 3%……

造纸行业领导人说，经历了五年萧条之后才有了这一切，过去五年的惨状是经济周期变动中最严重的一次。横跨美洲、欧洲和亚洲的广告减少使报纸和杂志发行量下跌，而且，产品销售减少也意味着包装纸需求减少。

但造纸商根据 80 年代高涨的经验已经建立新的造纸能力以满足预期的增长。根据美国森林与造纸协会的说法，1990 年和 1991 年，五台大型新闻纸制造机已投入到了美国的生产线上,这些机器耗资20亿美元,能增加9.5%的生产能力,加拿大的情况也十分相同。在这两年期间,两国生产了全世界新闻纸供给的3/4。为了支付新机器账单,造纸公司甚至在未决定是否还用旧机器之前就开始启用新机器。结果纸张过剩又使价格下降。这种情况一直持续到去年经济好转时——不仅美国是这样,而且欧洲、亚洲和拉丁美洲许多国家也是这样。

现在,随着旧机器淘汰,需求的增加正在把价格推向一个新高峰。根据一家贸易期刊《纸浆与纸张》的说法,每吨新闻纸的平均价格——造纸业的衡量标准——已从1993年底的445美元上升到12月份的515美元。《纽约时报》的一项独立调查指出,纸的价格由1月份的552美元跳到3月初的600美元,到5月1日将达到675美元。①

(资料来源:Boton Globe, March, 20.1995, p.37)

【相关案例】最低工资②

价格下限的一个重要例子是最低工资。最低工资法规定了任何一个雇主可以支付的最低劳动力价格。美国国会1938年第一次以公平劳动标准法案制定了最低工资,以保证工人最低的适当生活水平。到1996年,根据联邦法律,最低工资是每小时4.75美元。有些州的法律规定了更高的最低工资。

为了考察最低工资的影响,我们必须考虑劳动市场。劳动市场和所有市场一样服从于供求的力量。工人决定劳动供给,而企业决定需求。在没有政策干预时,工资调整使劳动的供求平衡。

---

① 李明泉. 经济学基础 [M]. 辽宁:东北财经大学出版社,2006:80.
② 薛治龙. 微观经济学 [M]. 北京:经济管理出版社,2009.

如果最低工资高于均衡水平，劳动供给量大于需求量，结果就是失业。因此，最低工资增加了有工作工人的收入，但减少了那些找不到工作的工人的收入。

要充分了解最低工资，重要的是要记住，经济不是只包括一个劳动市场，而是包括许多不同类型工人的劳动市场。最低工资的影响取决于工人的技能与经验。技术水平高而经验丰富的工人不受影响，因为他们的均衡工资大大高于最低工资。对于这些工人，最低工资没有限制性。

最低工资对青少年劳动市场影响最大。青少年的均衡工资往往较低，因为青少年属于技术水平最低而且也是经验最少的劳动力成员。此外，青少年往往愿意接受较低工资以换取在职培训。（实际上，有些青年人愿意以"实习"之名来工作而不要任何报酬。但是，由于实习不支付工资，所以，最低工资不适用于实习。如果实习也有工资，这些实习工作就不会存在了。）结果，最低工资对青少年的限制比对其他劳动力成员都大。

许多经济学家考察了最低工资如何影响青少年劳动市场；这些研究者比较了多年来最低工资变动与青少年就业变动。虽然对于最低工资如何影响就业仍有一些争论，但有代表性的研究发现，最低工资上升10%，会使青少年就业减少1%～3%。在解释这种估算时，我们注意到，最低工资提高10%并没有使青少年的平均工资提高10%。法律变动并没有直接影响那些最低工资已大大高于最低工资的青少年。此外，最低工资法的实施也并不彻底。因此，就业减少1%～3%的估算是相当严重的。

除了改变劳动的需求量之外，最低工资还改变了劳动的供给量。由于最低工资增加了青少年可以赚到的工资,它也增加了选择寻找工作的青少年的人数。一些研究发现,较高的最低工资影响那些已经就业的青少年。当最低工资提高以后,一些正在上学的青少年选择退学并参加工作。这些新退学的青少年代替了那些以前退学就业的青少年,使他们现在成为失业者。

最低工资是政治争论中常见的题目。最低工资的支持者认为这项政策是增加贫穷工人收入的一种方法。他们正确地指出,那些赚取最低工资的工人只能勉强度日。例如,在1994年,当最低工资是每小时4.25美元时,一年中每周工作40小时的两个领取最低工资的成年人每年的总收入只有17680美元,这低于中值家庭收入的一半。许多最低工资的支持者承认,它有一些不利影响,包括增加失业,但他们认为,这些影响并不大,而且,考虑到所有情况之后,较高的最低工资可以使穷人状况变好。

最低工资法的反对者认为,这并不是解决贫穷问题的最好方法。他们注意到,高的最低工资引起失业,鼓励青少年退学,并使一些不熟练工人无法得到他们所需要的在职培训。此外,最低工资法的反对者指出,最低工资法是一种目标欠妥的政策。并不是所有的最低工资的工人都是竭力帮助自己家庭脱贫的家长。许多最低工资领取者是中产阶级家庭的青少年,他们是为了额外赚点零花钱而从事业余工作。①

---

① 常玉梅,李莉. 由最低限价理论引起对最低工资的思考[J]. 时代经贸,2013(23):169.
杨连波. 微观经济学基础[M]. 北京:经济科学出版社,2003:40.

第二节 春节火车票的价格要不要涨

情景引入：火车票是否该上涨？

一年一度的春运开始的时候，交通拥堵及火车票应否涨价的问题就会为人们所关注。有人提出：要治理"春运综合症"，有一个办法，也只有一个办法，那就是让火车票充分提价。

火车票价是否应该上涨？怎样的火车票定价机制较为合理？

知识导航二 需求价格弹性

一、需求价格弹性的概念

需求规律表明，一种物品的价格下降会使其需求量增加。需求价格弹性衡量需求量对价格变动的反应程度，是一种物品需求量对其价格变动反应程度的衡量，用需求量变动的百分比除以价格变动的百分比来计算。如果一种物品的需求量对价格变动的反应大，可以说这种物品的需求是富有弹性的。如果一种物品的需求量对价格变动的反应小，可以说这种物品的需求是缺乏弹性的。

需求弹性系数：$E_p = (\triangle Q/Q) / (\triangle P/P)$。

Q：需求量（Quantity）　　　P：价格（Price）

E_p 的值可为正数、负数，等于 0 或者等于 1。这依赖于两个变量是同方向变化，还是反方向变化。通常经济学中用绝对值的大小来表示价格变化对需求量变化的影响程度。

Ep = 1（单位需求价格弹性）。说明价格每变化百分之一，会相应地带动需求也同方向变化百分之一。

1 < Ep < ∞（需求富有弹性）。说明需求变动的幅度大于价格变动幅度。即价格每变动百分之一，需求的变化大于百分之一。

0 < Ep < 1（需求缺乏弹性）。说明需求变动的幅度要小于价格变动的幅度。即价格每变动百分之一，需求的变化小于百分之一。

Ep→0（需求完全无弹性）。说明需求不随价格的变动而变动。这种情况是非常罕见的。

Ep→∞（需求有无限弹性）。说明需求量在既定价格下可以任意变动，这也是罕见的。

二、影响需求价格弹性的因素

什么因素决定一种物品的需求富有弹性还是缺乏弹性呢？由于任何一种物品的需求取决于消费者的偏好，所以，需求的价格弹性取决于许多形成个人欲望的经济、社会和心理因素。但是，根据经验，我们可以说出某些决定需求价格弹性的一般规律。

（一）需求程度：必需品与奢侈品

必需品倾向于需求缺乏弹性，而奢侈品倾向于需求富有弹性。当看病的价格上升时，尽管人们会比平常看病的次数少一些，但不会大幅度地改变他们看病的次数。与此相比，当游艇价格上升时，游艇需求量会大幅度减少。原因是大多数人把看病作为必需品，而把游艇作为奢侈品。当然，一种物品是必需品还是奢侈品并不取决于物品本身固有的性质，而取决于买者的偏好。对于一个热衷于航行而不太关注自己健康的水手来说，游艇可能是需求缺乏弹性的必需品，而看病是需求富有弹性的奢侈品。

（二）相近替代品的可获得性

有相近替代品的物品往往较富有需求弹性，因为消费者从这种物品转向其他物品较为容易。例如，黄油和人造黄油很容易互相替代，假设人造黄油的价格不变，黄油价格略有上升，就会引起黄油销售量大大减少。与此相比，由于鸡蛋是没有相近替代品的食物，所以鸡蛋的需求弹性大概就小于黄油。

（三）购买商品的支出占收入的比例。

比例越大，弹性越大；比例越小，弹性越小。

（四）市场的定义

在任何一个市场上．需求弹性都取决于我们所划出的市场界线。范围小的市场的需求弹性往往大于范围大的市场，因为范围小的市场上的物品更容易找到相近的代品。例如，食物是一个广泛的范畴，它的需求相当缺乏弹性是因为没有好的食物替代品。冰激凌是一个较狭义的范畴，它的需求较富有弹性是因为容易用其他甜点来替代冰激凌。香草冰激凌是一个非常狭义的范畴，它的需求非常富有弹性是因为其他口味的冰激凌几乎可以完全替代香草冰激凌。

（五）时间的长短

物品需求往往随着时间变长而更富有弹性：当汽油价格上升时，在最初的几个月中汽油的需求量只略有减少。但是，随着时间推移，人们会购买更省油的汽车，转向公共交通，或迁移到离工作地方近的地点。在几年之内，汽油的需求量会大幅度减少。

三、总收益与价格的需求弹性

当研究市场上供给或需求的变动时，我们经常想研究的一个变量是总收益，即某种物品买者支付的量和卖者得到的量，用该物品的价格乘以销售量来计算。在任何一个市场上，总收益是 P×Q，即一种物品的价格乘以该物品的销售量。当 P = 4 元，Q = 100，总收益是 4 元 × 100，即 400 元。

◎当需求价格弹性小于 1 时，价格上升使总收益增加，价格下降使总收益减少。

◎当需求价格弹性大于 1 时，价格上升使总收益减少，价格下降使总收益增加。

◎在需求弹性等于 1 的特殊情况下，价格的变动不影响总收益。

【相关案例】博物馆门票的定价

假设你是一个大型艺术博物馆的馆长。你的财务经理告诉你，博物馆缺乏资金，并建议你考虑改变门票价格以增加总收益。你将怎么办呢？你是要提高门票价格，还是降低门票价格？回答取决于需求弹性。如果参观博物馆的需求是缺乏弹性的，那提高门票价格会增加总收益。但是，如果需求是富有弹性的，那么，提高价格就会使参观者人数减少，以至于总收益减少。在这种情况下，你应该降价。参观者人数会增加，以至于总收益会增加。

为了估算需求的价格弹性，你需要请教统计学家。他们会用历史资料来研究门票价格变化时，参观博物馆人数的逐年变动情况。或者他们也可以用国内各种博物馆参观人数的资料来说明门票价格如何影响参观人数。在研究这两种资料时，经济学家还需要考虑到影响参观人数的其他因素——天气、人口、藏品多少等——以便把价格因素独立出来。最后，这种资料分析会提供一个需求价格弹性的估算，你可以用这种估算来决定对你的财务问题作出什么反应。①

第三节　什么是幸福

情境引入：什么是幸福？

每个人都想得到幸福，那么有没有认真想过幸福到底是什么呢？有人说，幸福是一种感悟；有人说，幸福是一种感觉；还有人说，幸福是一种内心感动。教师的幸福是桃李满天下，医生的幸福是天下无疾，农民的幸福是五谷丰登……幸福，词典里有准确的定义，但在每个人心中又有个性鲜明、千差万别的答案。

知识导航三　效用论

一、关于幸福

我们生活在物质世界里，衣食住行都离不开消费，同样物质生活的水平也时时刻刻影响着我们生活的质量。每个人都追逐过上幸福美好的生活，那么什么才是真正的幸福？是金钱富足还是身体健康？是地位卓越还是婚姻美满？哲学家大卫·休谟（David Hume）说过："一切人类努力的伟大目标在于获得幸福"。社会学家说，幸福是心理欲望得到满足时的状态。

从经济学角度来看，如何获得幸福？

幸福感是一种心理体验，它既是对生活的客观条件和所处状态的一

---

① 需求价格弹性.ppt [EB/OL]．原创力文档，2019年3月31日．

种事实判断,又是对于生活的主观意义和满足程度的一种价值判断,它表现为在生活满意度基础上产生的一种积极心理体验。而幸福感指数(英文名称 Happiness Index),就是衡量这种感受具体程度的主观指标数值。"幸福感指数"的概念起源于 30 多年前,最早是由不丹国王提出并付诸实践的。20 多年来,在人均 GDP 仅为 700 多美元的南亚小国不丹,国民总体生活得较幸福。"不丹模式"引起了世界的关注。据俄罗斯"邮箱新闻"网 2014 年 9 月 24 日消息,全球幸福指数调查结果显示,巴拿马成为居民幸福指数最高的国家。在此次调查中,主要以五个指标来评估居民幸福指数,包括社会活动、社会地位、财富状况、交际能力和身体状况。根据调查结果,巴拿马成为居民幸福指数最高的国家,第二名是哥斯达黎加,丹麦位居第三名。[1]

如果说 GDP、GNP 是衡量国富、民富的标准,那么,百姓幸福指数就可以成为一个衡量百姓幸福感的标准。百姓幸福指数与 GDP 一样重要,一方面,它可以监控经济社会运行态势;另一方面,它可以体现民众的生活满意度。可以说,作为最重要的非经济因素,它是社会运行状况和民众生活状态的"晴雨表",也是社会发展和民心向背的"风向标"。人们也普遍认为,幸福指数是体现老百姓幸福感的"无须调查统计的"反应,是挂在人民群众脸上"指数"。

(一)幸福判定

美国的经济学家 P·萨缪尔森提出了一个幸福方程式:效用/欲望=幸福指数。

欲望是一种缺乏的感觉与求得满足的愿望,通常认为,欲望源于人的内在生理和心理的本性。人的欲望具有多样性,一种欲望得到满足,

---

[1] 理财微语 [J]. 大众理财顾问,2014 (10):9.

更高层次的欲望也会随之产生。因此，人的欲望表现为无限性，至少相对于获取满足欲望的手段而言如此。

马斯洛将欲望分为五种层次，从下至上（见图2-4）第一个层次是人的基本生理需要，第二个层次是安全需要，第三个层次是归属和爱的需要，第四个层次是尊重的需要，第五个层次是自我实现的需要。效用是从消费物品中所得到的满足程度，是对欲望的满足。

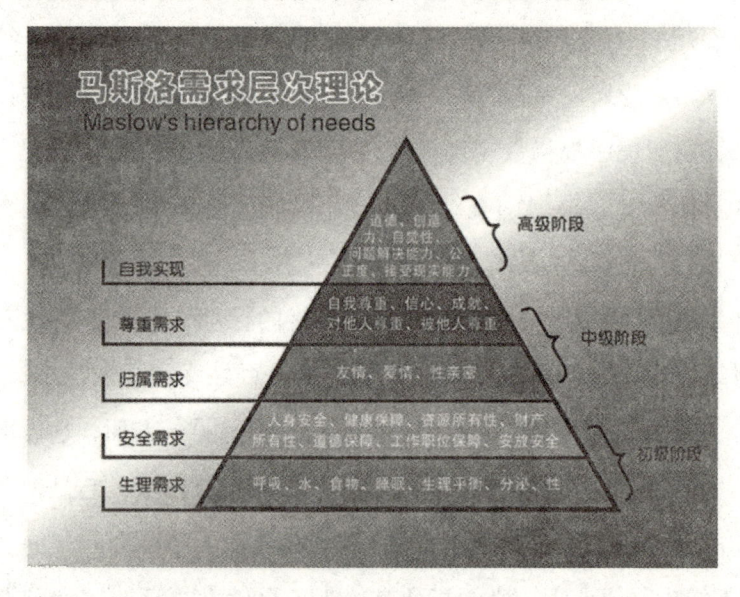

图2-4

判断一个人幸福与否，可以从幸福方程式的结果中得到，以得数1为分界岭。比1小就证明这个人不幸福，等于1或者比1大就证明这个人是幸福的。

如果我们的欲望指数高，而在目前生活方式中得到的效用低，得出来的幸福指数就会很低，那就说明我们的生活状态不好，让我们感觉不幸福，而不幸福的严重程度是根据数字来衡量的，数字越小就代表越不幸福。如果效用比欲望高，得出的得数就比1大，那就证明这个人是个幸福的人。同理，幸福的指数也是根据得数来判断，数字越大就证明越幸福。

效用也是一种感觉，它的大小是一种主观感受。因人，因时，因地而不同。欲望是求得满足的愿望，它是由一个人的观念来决定的，每个人的欲望因观念的不同而不同，所以在同一种环境中，幸福与不幸福就因人而异。因此，这个方程式得出来的结果也是因人而异的，也就是说，幸福是一种主观感受，不是客观的分析。

如果想评判自己幸福不幸福，也可以用上述欲望的五个层次来划分。这五个层次，你想达到几层，而你现在又达到了几层，如果你想达到的层次的还没有达到，那你就是个不幸福的人了。如果你达到的层次已经超过或者等同你想要达到的，那你就是个幸福的人。

（二）金钱与幸福指数的换算

美国达特茅斯学院布兰奇·弗劳尔教授与英国沃里克大学安德鲁·奥斯瓦尔德博士研究指出，额外的金钱确实能买到一点幸福。他们将非常幸福确定为 3.0，比较幸福确定为 2.0，不太幸福确定为 1.0。最后发现每增加 1 美元，只能多获得 0.00000409 个单位的幸福。

根据这一指数，与丧偶或离异相比，持久的婚姻价值每年 10 万美元。"分手"对幸福的危害最大，紧随其后的就是配偶去世。平均来看，二婚或者此后的婚姻都不如第一次婚姻幸福。父母离异的 16 岁青少年在成年之后会觉得不太幸福。

【相关链接】幸福指南[①]

1. 不要以和人相比判定自己的价值，正因我们彼此有别，才使每个人显得特别。

2. 不要以别人看重的标准来设定自己的目标，只有你自己知道什么最适合你。

3. 不要将最贴心的人和事物视若当然，牢牢把握它们，如同对待你的生命。

4. 不要因为沉湎过去，或憧憬未来而使生命从指缝中溜走；过好今天，把握此刻，活在当下，你便活出了生命的每一天。

5. 不要怕遭遇种种危险，只有接受风雨的考验，我们才能学会勇往直前。

6. 不要借口真爱难觅而将爱拒之门外。得到爱最快的方法是付出爱，失去爱最快的方法是对爱紧抓不放，留住爱最好的方法是为爱插上翅膀。

7. 不要放弃你的梦想，没有梦想就没有了希望，没有希望就没有了目标。

8. 不要行色匆匆地走过人生之旅，否则你不仅会忘记曾在何处，也会忘记将去何方。

9. 人生并非一场赛跑，人生是一次旅行，沿途每一步都应细细体味。

[①] 李永清. 抓住幸福的钥匙——与教师们谈幸福 [J]. 东方青年·教师, 2012 (2): 62.

二、效用的概念

效用（Utility）是指对于消费者通过消费或者享受等方式使自己的需求、欲望等得到的满足的一个度量。它可以反映出商品满足人的欲望和需要的能力和程度。

效用与欲望相联系，是消费者对满足自己欲望的主观评价。

消费者消费商品的动机源于消费者本身的欲望。欲望即"需要而没有"，指一个人想要但还没有得到某种东西的一种心理感觉。物品之所以能成为用于交换的商品，原因在于商品恰好具有满足消费者某些方面欲望的能力。

人们的欲望是消费者对商品需求的动因，商品具有满足消费者欲望的能力，消费者则依据商品对欲望满足的程度来选择不同的商品及相应的数量。消费者拥有或消费商品或服务对欲望的满足程度被称为商品或服务的效用。一种商品或服务效用的大小，取决于消费者的主观心理评价，由消费者欲望的强度所决定。而欲望的强度又是人们的内在或生理需要的反映，所以同一种商品对不同的消费者或者同一个消费者的不同状态而言，其效用满足程度也会有所不同。

这样，欲望驱动下的消费者行为可以描述为在可支配的资源既定的条件下，消费者选择所消费的商品数量组合，力图获得最大的效用满足。这也就是为什么消费者明明知道旅游景点的矿泉水比较贵但还是会去购买，就是因为他们在特定条件限制下追求最大的效用满足。

效用是一种主观心理感受或者评价。在购买商品的时候有人可以出很高的价格买一件很喜欢的商品，因为这个人对它的评级很高，你不再高价购买是因为你对它的评价很低。有人选择美人，而不选择江山，是因为他认为美人比江山更好。这就是理性，是一种完全的主观感受。这其实和效用一样，将以前的客观描述理性的方式转变为一种主观的理性，不再是一种统一的评价标准，即每个人都要做出利益最大化的选择。毕竟人是复杂的，不可能也不会简单地追求利益，自利不等于自私。

第四节　不断消费同一商品，会出现什么现象

情境引入：第一碗面和最后一碗面的区别

相信很多人都看过陈佩斯、朱时茂演的一个小品——《吃面条》。从小品幽默的演绎中我们可以看到，第一碗面是他在极饿的情况下吃的，效用可以假设为5；吃第二碗面时，效用只为3；吃第三碗面时，已经比较饱了，所以效用为0；当吃到最后一碗面时，已经吃不下了，还得吃，所以效用为负，这也就是边际效用递减率。（图2-5）

呃，啊……

图2-5

<<< 第二章 消费中的经济学

香港曾经风靡一时的儿童卡通动画片《麦兜故事》中有这么一句话:"火鸡的味道,在还没吃和吃第一口之间,已经到达顶峰。"可能有人会问,既然是吃和没吃之间,又怎能品尝到火鸡的味道呢?其实,很多人都有类似的经历:眼前放着一碟佳肴,准备举筷的时候心中都会自然而然地想象这份佳肴的味道是多么的好吃,而且这种美好的想象是无止境的,会随时间的持续而无限放大。当你真的吃第一口的时候,有两种结果:如你所想象的好吃又或者是不如你想象的好吃。如果持续不停地吃下去,你就会慢慢发现,已经越吃越没有原来的好吃,吃到最后很饱吃不下的时候,还会觉得难吃。这就是边际效用递减规律在日常生活中最普通和普遍的体现。那我们消费同一商品数量增加时会出现什么现象?没错,就是我们要说的边际效用递减。

知识导航四 边际效用递减规律

一、边际效用的概念

边际效用是指某种物品的消费量每增加一单位所增加的满足程度。边际的含义是增量,指自变量增加所引起的因变量的增加量。在边际效用中,自变量是某物品的消费量,而因变量则是满足程度或效用。消费量变动所引起的效用的变动即为边际效用。

二、边际效用递减规律

指在其他条件不变的情况下,随着消费者对某种物品消费量的增加,他从该物品连续增加的每一消费单位中所得到的满足程度越来越小的一种现象。这种现象普遍存在,被人们称为边际效用递减规律。

边际效用递减的原因有以下两种。

第一，人的欲望虽然多种多样、永无止境，但由于生理等因素的限制，就每个具体的欲望满足来说则是有限的。最初欲望最大，因而消费第一单位商品时得到的满足也最大，随着商品消费次数的增加，欲望也随之减少，从而感觉上的满足程度递减，以致于当要满足的欲望消失时还增加消费的话，反而会引起讨厌的感觉。

第二，物品有多种多样的用途，并且各种用途的重要程度不同，人们总会把它先用于最重要的用途，也就是效用最大的地方，然后才是次要的用途，故后一单位的物品给消费者带来的满足或提供的效用一定小于前一单位。

【相关案例】 价值悖论[①]

边际效用理论还可以解释经济学中著名的"价值悖论"。价值悖论（Paradox of value）又称价值之谜，指有些东西效用很大，但价格很低（如水），有些东西效用很小，但价格却很高（如钻石）。这种现象与传统的价格理论不一致。这个价值的悖论是亚当·斯密在200多年前提出的，直至边际效用理论提出后才给出一个令人满意的答案。解释这一问题的关键是区分总效用和边际效用。水给我们带来的总效用是巨大的，没有水，我们无法生存。但我们对某种物品消费越多，其最后一个单位的边际效用也就越小。我们用的水是很多的，因此最后一单位水所带来的边际效用就微不足道了。相反，相对于水而言，钻石的总效用并不大，但由于我们购买的钻石极少，所以，它的边际效用就大了。根据边际效用理论，消费者分配收入的方式是使一切物品的每元支出的边际效用相等。人们也是根据这一原则来把收入分配于水和钻石上的：钻石的

---

① 吴琼. 西方经济学 [M]. 上海：上海财经大学出版社，2005：68.

边际效用高，水的边际效用低，只有用钻石的高价格除以其高边际效用，用水的低价格除以其低边际效用，用于钻石和水的每元支出的边际效用才能相等。所以，钻石价格高，水的价格低是合理的。或者说，人们愿为边际效用高的钻石支付高价格，为边际效用低的水支付低价格是一种理性的行为。"物以稀为贵"的道理正在于"稀"的物品边际效用高。

当然，边际效用递减规律在生活中的体现并不局限于人们消费和进食过程，还可以从物质层面上升到精神层面。

在现实生活中，人与人之间的交往和相处也可以运用到边际效用递减规律。当人们初次认识新朋友，特别是异性朋友，都会对对方产生极大的好奇心，并且很想进一步了解对方。但是，在充分了解对方之前，我们都会很不自觉地把对方想象得无限好。因此，如果让我们在新朋友和旧朋友之间只能选择一个进行约会（前提条件是这两个朋友带给我们的总效用是一样的），我们会倾向于选择新朋友。因为新朋友对于我们来说是新鲜的，更有了解和交流的价值。同时，这也是人性中喜新厌旧的重要体现。这样一来，人性中的喜新厌旧便被赋予了经济学的科学解释，让人们更加理所当然。

再者，人们在感情生活中都会或多或少地体会到类似"失去的才懂得珍惜"和"得不到的才是最好的"的感觉。这些经历以及它们带给人们的心理感受也是边际效用递减规律所起的作用。很多东西都是你有了，或者你拥有的数量多了，就会不懂得珍惜。这是因为你拥有的同一样东西越多，它所带给你的边际效用就越少。这个"东西"不单单指实物，也指一些非物质，摸不着、看不到的东西，如恋爱中的甜言蜜语和关心问候，父母对子女的无私的爱等。掌握这个规律，可以使我们在刚刚堕入爱河的时候不至于盲目，认清楚眼前的一切美好事物究竟有多少是真的命中注定的幸福，有多少是出于初始边际效用的最高状态。

对边际效用递减规律赋予最生活化的解释，不仅可以帮助我们进一步理解经济学知识，更有助于我们对生活现象的看法趋向理性。

第五节 怎样理解"剁手党"的存在

情景引入：什么是"剁手党"？

剁手党，专指沉溺于网络购物的人群，以女性居多。这些人每日游荡于各大购物网站，兴致勃勃地搜索、比价、秒拍、购物。周而复始，乐此不疲。结果往往是看似货比三家、精打细算，实际上却买回了大量没有实用价值的物品，造成大量时间、金钱的浪费。这类人自己在冷静之后也会意识到问题所在，甚至有"剁手明志"的冲动，但购物瘾一犯即把决心忘得一干二净，故而得名。从越来越多的"剁手党"中我们可以得出什么道理呢？那就是作为消费者，我们买到了些什么？除了效用，或许带给我们更多的，便是消费者剩余。

知识导航五　消费者剩余

消费者剩余（Consumer surplus）又称为消费者的净收益，是指买者的支付意愿减去买者的实际支付量。消费者剩余衡量了买者自己感觉到所获得的额外利益。简单地说，就是买者和卖者都希望从市场活动中获得收益。

消费者总剩余可以用需求曲线下方，价格线上方和价格轴围成的三角形的面积表示。如图 2-6，以 OQ 代表商品数量，OP 代表商品价格，PQ 代表需求曲线，则消费者购买的商品时所获得的消费者剩余为图中灰色部分的面积。

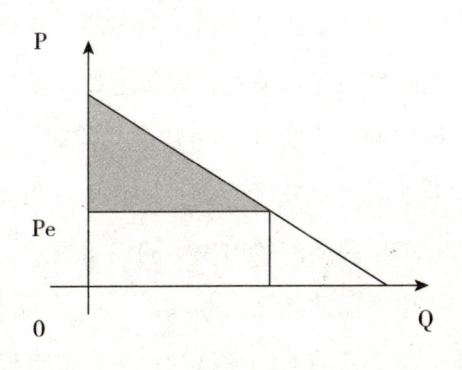

图 2-6

由上图（图 2-6）可见，如果价格上升，则消费者剩余下降，反之，如果价格下降，则消费者剩余上升。

如果需求曲线是平的，则消费者剩余为 0。

比如，一场电影的票价为 20 元，可消费者对它的价值是 50 元，那么消费者剩余则是 30 元。如果想尊重买者的偏好，那么消费者剩余不失为经济福利的一种好的衡量标准。

消费者剩余概念的提出目的是告诉我们每一个消费者：我们的付出总是少于我们的所获。我们总是在交易当中获取额外的利益，我们社会的总福利总是在交易当中不断增长。

消费者剩余的计算公式：

消费者剩余 = 买者愿意支付的最高价格 - 买者的实际支付价格

消费者剩余源于递减的边际效用。更确切地说，它表现为一种物品的总效用与其市场价格之间的差额。人们之所以能够享受"消费者剩余",并从他们各自的购买行为中获得福利感,其根本的原因就在于对所购买的某一物品的每一单位,即从第一单位到最后一单位,支付了相同的价格,而且所支付的又都是最后一单位的价格。然而,"边际效用递减规律"告诉我们:对同一物品占有次序的不同给人们带来的满足感就不同,因而人们所愿意支付的价格也就不同。随着人们对同一物品占有数量的增加,边际效用是递减的,即每增加一单位商品的效用是递减的,但总效用是增加的,当总效用达到极大值时,边际效用趋于零,当超过极大值继续消费时边际效用为负,从而总效用开始下降。由于商品的价格是由最后一单位商品的效用决定的,而最后一单位商品的效用低于它之前的每一单位商品的效用(事实上每一个处于 $n+1$ 位置上的商品的效用,都低于位于它前面的商品的效用,或者说前面的每一单位的商品的效用,都高于最后一单位商品的效用),因而人们在他们的购买行为中,就可以从前面的每一单位中享受到效用剩余。

【相关案例】现实中的"剁手党"[①]

2012 年 11 月 22 日晚 23 点左右,一辆私家车开进医院,一位男子下车匆忙搀扶着一位满手是血的女子直奔急诊室。值班医生上前一看,也吓了一跳——女子的左手大拇指在指甲处,被利器所断,只剩下一点皮还连着。

随后,医生便给该女子进行了接指手术,整个手术大约进行两三个小时。幸运的是,由于送医及时,该女子的左手大拇指总算是给保住了。知情人告诉记者,断指的张女士是一位 80 后,和丈夫在吴中区工

---

① 少妇向丈夫表决心戒网购自己剁掉大拇指 [EB/OL]. 新浪新闻, 2012 - 11 - 24.

作和居住，有一个两岁大的女儿。"两个人看上去，都很斯文，应该是大学毕业后来苏州工作的，从着装上估计两个都是企业里的白领。"

张女士的丈夫向知情者抱怨说，张女士平时花钱一直比较大手大脚。工作之后，她也和很多上班女白领一样，成了网购热衷者。平时下班后，没事就上网团购。对此，张女士的丈夫一直有点不满，但也仅仅是发点小牢骚，并没有过多干涉。刚过去的"双11节"，张女士共购进了上万元物品。

22日吃完晚饭后，张女士又跟往常一样，坐在电脑前淘起宝贝来了，完全不顾及正在哭闹的女儿，孩子的哭闹声让隔壁房间的张女士的丈夫很不耐烦，他抱怨妻子热衷网购、不顾孩子，并声称要把家里的网线给拔了，再也不让妻子网购。受不了丈夫的呵斥，张女士和丈夫你一言我一语地吵了起来。

由于是吵到气头上，张女士的丈夫一冲动，就对张女士说："下次再让我看见你上网买东西，看见一次，我就砍断你手指一次！"谁知，张女士一下子就犯了糊涂，声称不用丈夫收拾，自己来砍手指。随后，张女士真的冲进厨房拿起菜刀，手起刀落，一刀砍向了自己左手，将自己的左手大拇指砍断了。丈夫见状，赶忙将张女士送医。事后，张女士的丈夫很后悔，不过对于妻子的网购行为，他还是不能认同。

知情人说，他们家里除了蔬菜和柴米油盐外，其他东西包括日常用品，几乎都是从网上购买来的。连孩子用的尿不湿也要网购，而且一买就是几大包，几个月都用不完。可是很多东西买来之后，要么是闲置，要么就是过期，连他们女儿几岁之后的衣服，现在都已经网购好了。

对于丈夫的"吐槽"，张女士觉得很委屈，称自己平时上班很忙，根本挤不出多少时间上街去帮家里添置东西，如果是上网买东西，就可以节省时间和精力。再说，从网上买东西，要比商场里的便宜很多。当然，对于断指一事，张女士也很后悔，称是自己太冲动了。不过，她依旧坚持认为，网购是正确之举，今后她还是会继续进行网购的，只是会有所节制，不会再大手大脚。

因此，在理解消费者剩余时要注意两点：第一，消费者剩余并不是实际收入的增加，只是一种心理感觉。第二，生活必需品的消费者剩余大。因为消费者对此类物品的效用评价高，愿意付出的价格也高，但此类物品的市场价格一般并不高。

第三章

学习中的经济学

第一节　为什么家长这么重视孩子的成绩

情景引入：学习成绩最重要

调查报告显示，62.2%的家长过于重视孩子的学习成绩，而轻视对孩子进行品格、兴趣、社会交往等心理健康方面的培养。父母大都太在乎学生的分数，分数高，什么也好说，分数不高，就会严厉苛责。

知识导航一　人们会对激励做出反应

激励是引起一个人做出某种行为的某种东西（如惩罚或奖励）。人们之所以会对激励做出反应，是由于每个人都是一个经济人，利己而又理性。每个人都有自己的利益，做任何事情都要进行成本收益的比较，在竞争中合作共赢，趋利避害，谋求自身的最大利益。尽管人对激励的反应有时是消极的，可能与激励的初衷相违背，但承认人对激励的反应，既是对人性的尊重，也是提高管理效率的不二法门。在经济学研究中，激励起着中心作用。一位经济学家甚至提出，整个经济学的内容可以简单地概括为："人们对激励做出反应，其余内容都是对此的解释。"

在分析市场如何运行时，激励是至关重要的。例如，当苹果的价格上涨时，人们选择多吃梨少吃苹果，因为购买苹果的成本增加了；同时，苹果园主决定雇用更多工人并多摘些苹果，因为出售苹果的利益也增加了。知道一种物品的价格对市场上买者与卖者行为的影响，对于了解经济如何配置稀缺资源是至关重要的。

政府决策者绝不能忘记激励，因为许多政策改变了人们面临的成本利益。例如，汽油税鼓励人们开小型的节油型汽车。欧洲开小型车的人比美国多，原因之一就是欧洲的汽油税比美国高。汽油税还鼓励人们坐公共汽车，而不是自己开车，并鼓励人们在离自己住所近的地方工作。税收越高，就会有越多的人驾驶混合型汽车。如果税收足够高，人们就会开始驾驶电动汽车。

有什么样的制度就会导致什么样的人类行为。好制度鼓励人们行善，坏制度导致人们从恶，荒唐的制度带来荒唐的行为。苏联的出租车司机和灯具生产工人是经常被举到的例子：出租车司机的激励制度是根据行车里程来进行的，灯具生产工人的报酬是根据灯具重量来计算的。结果是，出租车司机驾着空车在莫斯科郊外的高速公路上飞奔，灯具厂工人生产出全世界最重的灯具。①

---

① 崔晓芳. 在日常小事中培养自己的经济头脑 [M]. 太原：山西经济出版社，2012：50.

【相关案例】 犯人船①

制度一旦发生变化，人的行为就会发生变化。18世纪英国对澳洲的殖民统治为此提供了一个经典案例。

1770年，库克船长带领船队来到澳洲，随即英国宣布澳洲为它的领地，开发澳洲的事业开始了。为了开发蛮荒的澳洲，政府决定将已经判刑的囚犯运往澳洲，这样既可解决英国监狱人满为患的问题，又可给澳洲送去丰富的劳动力。开始时英国私人船主向澳洲运送罪犯的条件非常恶劣，船上拥挤不堪，营养与卫生条件极差，死亡率很高。据英国历史学家查理·巴特森写的《犯人船》一书记载，1790—1792年，私人船主运送犯人到澳洲的26艘船共4082个犯人，死亡498人，平均死亡率为12%。其中一艘名为海神号的船，424个犯人死了158人，死亡率高达37%。如此高的死亡率不仅在经济上损失巨大，而且在道义上引起了社会强烈的谴责。

之所以出现这种局面，是因为政府是按上船时运送的罪犯人数向私人船主付费的。此制度下船主便拼命多装犯人，而且不给罪犯吃饱，把省下来的食物在澳洲卖掉再赚一笔，至于有多少人能活着到澳洲与船主无关。

1793年，政府对付费的制度进行了一个小小的调整，按下船时实际到达澳洲的罪犯人数和罪犯健康状况向船主付费，对于罪犯情况良好的船主甚至还有奖金，此制度实行后，罪犯的死亡率立即下降到1%~1.5%。

---

① 崔晓芳. 在日常小事中培养自己的经济头脑[M]. 太原：山西经济出版社，2012：51.

没有对船主进行政治和道德说教，没有立法管制船主，只是改变了一下报酬制度，就实现了政府和社会所希望的目标。这就是制度的力量，制度能够改变个人行为，这也正是经济学家强调制度的原因。

当决策者未能考虑到他们的政策如何影响激励时，这些政策就会带来意想不到的效果。考虑一下有关汽车安全的公共政策。今天所有的汽车都有安全带，但50年前并不是这样。20世纪60年代，拉尔夫·纳德（Ralph Nader）的著作《任何速度都不安全》引起公众对汽车安全性能的关注。国会的反应是通过立法要求将安全带作为新汽车的标准配置。①

关于安全带的法律是如何影响到汽车安全性能的呢？直接的影响是显而易见的：当一个人系上安全带后，重大车祸发生时存活的概率提高了。但是，这并不是事情的结束，因为这项法律还通过改变激励而影响了人们的行为，比如司机开车时的速度和谨慎程度。缓慢而谨慎地开车是有代价的，因为这要耗费司机的时间和精力。当决定开车的谨慎程度时，理性人要比较谨慎开车的边际利益和边际成本。当提高安全程度的利益时，他们就会更慢、更谨慎地开车。例如，人们在道路有冰时会比道路干净时更缓慢而谨慎地开车，这并不奇怪。

考虑安全带法律如何改变一个司机的成本收益计算。安全带降低了司机的车祸代价，因为它们降低了伤亡的概率。换言之，安全带减少了缓慢而谨慎地开车的利益。人们对安全带的反应和对道路状况改善的反应结果一样——更快、更放肆地开车。这样安全带法律最终的结果是导致更多的车祸次数。开车谨慎程度的下降对行人显然有不利的影响，他

---

① 王凯锋，龚宏. 新课标扩展阅读·段篇章（人文科学卷）：初二版 [M]. 长春：吉林教育出版社，2003：120.

们遭遇车祸的可能性更高，但（与司机不同）没有获得增加的保护的利益。

根据美国经济学家萨姆·佩尔兹曼（Sam Peltzman）的证据，这些法律减少了每次车祸的死亡人数，但增加了车祸的次数。他的结论是司机死亡人数降低，而行人死亡人数增加了。

佩尔兹曼对汽车安全的分析是人们对激励做出反应的一般性原理的例子。在分析任何一种政策时，我们不仅应该考虑它的直接影响，而且还应该考虑通过激励产生的有时不太明显的间接影响。如果政策改变了激励，那就会使人们改变自己的行为。

【相关案例】牛肉面老板的绩效考核难题①

南京珠江路上的"老兰州牛肉面馆"改成了"山西刀削面"，招牌换了但老板没变。经常来这里吃早餐的陈总有点奇怪，问老板"为什么日进斗金的牛肉面生意不做，反而做起了利润并不丰厚的削面生意？"老板感慨颇多。

"人心坏呢！"老板说。"我当时雇了个会做拉面的师傅，但在工资上总也谈不拢"。

"开始的时候想，为了调动师傅的积极性按销售量提成，一碗面师傅提5毛。但是他发现自己的收入与销售数量直接相关，于是师傅就在碗里多放牛肉来吸引客人"，"一碗面才四块，我本来靠的就是薄利多销，他每碗多放几片牛肉我还赚个屁啊！"

"后来我看这样实在不行，钱全被他赚去了！我就换了另一种分配方式，给他每月较高的固定工资，国家也不是高薪养廉吗！我猜想这样

---

① 蒋蓉华. 人力资源管理基础 [M]. 北京：清华大学出版社，2007：164.

他不至于多加牛肉了吧？因为销售量与他的收入没有直接关系。"

"但你猜他怎么着？"老板有点激动了，"他在碗里少放牛肉，慢慢把客人都赶走了！"

"这是为什么？"陈总也有些激动。

"牛肉的分量少，客人就不满意，回头客就少，生意肯定就惨淡。他拿固定的工钱巴不得你天天没客人才清闲，哪里还管你赚不赚钱呢！"

知识导航二　人们的感觉"现在的幸福大于未来的幸福"

在人的感觉中有一种倾向就是：现在与未来相比，人们会更注重现在的感受，而不太注重未来的感受。

一、理性原因

这种感受有一定的理性成分，因为未来存在不确定性，而现在是可以真实把握的。假如你给老板做完了一个项目，他准备给你付薪酬，付款方式有两种：一种是马上付你20万元；另一种是付你30万元，却要分10年付完，你选哪一种？大多数人会选择第一种。因为未来的不确定因素太多，几年后老板会不会跑了，谁知道几年后这笔钱还能不能拿到。再说，到那个时候，钱可能也不值钱了。

另外就是现在消费带给人们的效用要大于将来消费带给人们的效用。我们可以想一想，同样一个苹果，是现在就吃带给你的满足大还是等两天后再吃带给你的满足大？

正是这种原因导致人们认为"现在的幸福大于将来的幸福"，或者反过来"现在的痛苦大于将来的痛苦"。

二、短期行为、短视行为

这样也导致了人们很多的短视行为和短期行为,如"杀鸡取卵"或"饮鸩止渴"的行为。

短期化行为是指无视长期目标,谋求短期结果的行为。在企业经营中会有不少的企业追求短期结果而不顾长期的发展。

(一) 生产行为短期化

企业在一定时期内为了达到预定产额或为了降低成本,而延长生产时间,对企业设备等资产进行"掠夺"式利用,而不注意维护和保养;对新技术在产品中运用的认识不够,不注意提高产品质量。

(二) 销售行为短期化

忽视企业信誉,销售或掺售假冒伪劣产品,售后服务体系不完全,产品返修率高,消费者投诉率高。

(三) 在项目投资决策上的短期行为

企业未经科学全面论证盲目搞形象工程、重复建设,而对有社会效益、生态效益、综合效益、长远效益的项目无人问津。企业之间无序恶意竞争,使有限的资源没有得到充分利用,直接影响企业的经济效益,即使在短期内创造了一定经济效益,也是以牺牲人们赖以生存的生态和宝贵的资源为代价换来的,得不偿失。

一些企业目光短浅,急功近利,由于新产品开发和研制的投资大,周期长,见效慢,不愿意在新产品开发研制上下功夫,而是抱着老产品不放。在世界经济一体化,市场竞争激烈的今天,没有忧患意识,产品结构单一,没有自主产权的高科技产品,失去市场竞争能力,企业所占有的市场份额,早晚会丧失殆尽。

行为经济学家丹·艾瑞里(Dan Ariely)说:"我认为最危险的偏

见应该是'短视'。我们有太多太多的举动都是因为'短视':过量饮食、过度消费、开车发短信、无保护的性行为……这些会带来严重后果的行为,都是因为我们只考虑眼前的快感,忽略长久的得失造成的。"

三、决策的时间框架的选择

理性的人做决策的方法为成本收益分析法,但是有些事情会对今后产生影响,在这种情况下我们面临选择短期还是选择长期的问题。这里我们应该考虑两个方面:一是要考虑两个选择的成本和收益分别是多少。如果短期收益是100,长期也是100,那肯定是选择短期好,但是如果长期成本是200的话,我们发现剔除机会成本后也大于短期收益,那么长期的收益是更大的,我们应该选择长期。二是成本和收益我们应该放到长期的时间框架中分析。有些行为在短期看收益是大于成本的,比如,员工工作时间看视频聊天,因为看视频聊天能给他带来快乐,而努力工作会很辛苦,两个选择一比较,当然是看视频聊天带来的收益大,所以看视频是理性的选择。这样就会使你理直气壮地看视频聊天,因为它是理性的。但是我们仔细考虑一下,会发现这样考虑是有问题的。

问题出在什么地方?出在了分析的时间框架的选择上。如果我们拉长分析的时间框架,在十年的时间内来分析玩乐与努力工作的成本和收益,就会发现十年内努力工作的能力不断提升得到了升职加薪或可以谋求更好的公司,而选择玩乐的呢,还是原地踏步,二者相比哪个好呢?

所以我们会发现只有放到一个更长远的时间框架内分析才能做出正确的选择。

第二节 孟母为什么要三迁

情景引入：孟母最后迁去哪里了？

孟子的母亲，世人称她孟母。孟子小时候，居住的地方离墓地很近，孟子学了些祭拜之类的事，玩起办丧事的游戏。他的母亲说："这个地方不适合孩子居住。"于是将家搬到集市旁，孟子学了些做买卖和屠杀的东西。母亲又想："这个地方还是不适合孩子居住。"又将家搬到学宫旁边。孟子学会了在朝廷上鞠躬行礼及进退的礼节。孟母说："这才是孩子居住的地方。"就在这里定居下来了。马克思哲学认为事物的发展关键是内因，外因只是影响，成功关键要看自己内部的努力，那么孟母为什么还这么在意外部的居住环境呢？

知识导航三　从众效应

一、从众效应的含义

从众效应，是指当个体受到群体的影响（引导或施加的压力），会怀疑并改变自己的观点、判断和行为，朝着与群体大多数人一致的方向变化。也就是说，个体受到群体的影响而怀疑、改变自己的观点、判断和行为等，以和他人保持一致。这就是通常人们所说的"随大流"。人会不自觉地受到他人的暗示，从而做出同样的行为。

从众现象在我们生活中比比皆是。大街上有两个人在吵架，这本不是什么大事，结果，围观的人越来越多，最后连交通也堵塞了。后面的人停下脚步，也抬头向人群里观望……

消费中爱攀比、好面子、趋同,学生之间攀比谁用的手机好,结婚请客一家比一家规格高,盖房子一家比一家盖得漂亮,结果钱都花在这些"面子"工程上了。

美国人詹姆斯·瑟伯(James Thurber)有一段十分传神的文字,来描述人的从众心理:

突然,一个人跑了起来。也许是他猛然想起了与情人的约会,已经过去很久了。不管他想些什么吧,反正他在大街上跑了起来,向东跑去。另一个人也跑了起来,这可能是个兴致勃勃的报童。第三个人,一个有急事的胖胖的绅士,也小跑起来……十分钟之内,这条大街上所有的人都跑了起来。嘈杂的声音逐渐清晰了,可以听清"大堤"这个词。"决堤了!"这充满恐怖的声音,可能是电车上一位老妇人喊的,或许是一个交通警说的,也可能是一个男孩子说的。没有人知道是谁说的,也没有人知道真正发生了什么事。但是两千多人突然都奔逃起来。"向东!"人群喊叫了起来。东边远离大河,东边安全。"向东去!向东去!"①

1952年,美国心理学家所罗门·阿希(Solomon E. Asch)设计实施了一个实验,来研究人们会在多大程度上受到他人的影响而违心地进行明显错误的判断。他请大学生们自愿做他的被试,告诉他们这个实验的目的是研究人的视觉情况的。当某个来参加实验的大学生走进实验室的时候,他发现已经有5个人先坐在那里了,他只能坐在第6个位置

---

① 杨明喜."羊群效应"给我们的社会学意义[J].全国商情·经济理论研究,2009(17):140—141.

上。事实上他不知道，其他5个人是跟阿希串通好了的假被试（即所谓的"托儿"）。①

阿希要大家做一个非常容易的判断：比较线段的长度。他拿出一张画有一条竖线的卡片，然后让大家比较这条线和另一张卡片上的3条线中的哪一条线等长。判断实验共进行了18次。事实上这些线条的长短差异很明显，正常人是很容易做出正确判断的。

然而，在两次正常判断之后，5个假被试者故意异口同声地说出一个错误答案。于是许多真被试者开始迷惑了，他是会坚定地相信自己的眼力呢，还是会说出一个和其他人一样，但自己心里认为不正确的答案呢？

从总体结果看，平均有33%的人判断是从众的，有76%的人至少做了一次从众的判断，而在正常的情况下，人们判断错的可能性还不到1%。当然，还有24%的人一直没有从众，他们按照自己的正确判断来回答。

【相关案例】珍珠王传说②

第二次世界大战刚开始，意大利钻石商人阿萨尔逃离欧洲到了古巴。他在那里找到一条谋生之道：美军需要防水表。阿萨尔通过他在瑞士的关系，满足了美军的这一需求。

大战结束，美军不再买防水表，阿萨尔和美国政府的生意也做到了头，还剩下几千只瑞士表库存。日本人那时也需要表，但是没有钱，不

---

① 兰东辉. 获取成功的101格细节 [M]. 北京：中央广播电视大学出版社，2009：88.
② 武瑶. "珍珠王"的传说 [J]. 商业故事，2011 (3)：61.

过他们有的是珍珠——车载斗量的珍珠。不久，阿萨尔就教儿子做易货贸易——用瑞士表换日本珍珠。生意很兴隆，没多长时间，他的儿子小阿萨尔，就被人们称为"珍珠王"。

1973年的一天，"珍珠王"的游艇停靠在法国圣特罗佩。一位潇洒的法国年轻人——让·克洛德·布鲁耶从邻近游艇上过来拜访。布鲁耶刚卖掉了他的空运公司，用这笔钱为自己和年轻的妻子塔希提在法属波利尼西亚买下了一座小岛——珊瑚礁环绕着蔚蓝海水，堪称人间天堂。布鲁耶对小阿萨尔"珍珠王"介绍说，当地莹碧的海水中盛产一种黑边牡蛎——珠母贝。这些黑边牡蛎的壳里出产一种罕见之宝：黑珍珠。

那时候黑珍珠还没有什么市场，买的人也不多。但是布鲁耶说服了小阿萨尔合伙开发这一产品，合作采集黑珍珠到世界市场上销售。但是小阿萨尔首战不利：珍珠的色泽不佳，又灰又暗，大小也不行，就像早期步枪使用的小弹丸，结果他连一颗都没卖掉，无功而返，回到了波利尼西亚。事情到了这种地步，他本可以放弃黑珍珠，把库存低价卖给折扣商店，或者搭配上一些白珍珠做首饰，推销出去。但他并没这样做，他又等了一年。他们努力改良出一些上好的品种，然后带着样品去见一个老朋友，哈利·温斯顿，一位具有传奇色彩的宝石商人。温斯顿同意把这些珍珠放到他第五大道的店铺橱窗里展示，标上令人难以置信的高价。同时，小阿萨尔在数家影响力广泛、印刷华丽的杂志上连续登载了整版的广告。广告里，一串塔希提黑珍珠在钻石、红宝石、绿宝石的映衬下，熠熠生辉。

不久前还含在一簇簇黑边牡蛎壳里，吊在波利尼西亚海水中的绳子上，"养在深海人未识"的珍珠，如今来到了纽约城，环绕在最当红的歌剧女明星的粉颈上，在曼哈顿招摇过市。原来不知价值几何的东西，现在被小阿萨尔捧成了稀世珍宝。就像马克·吐温曾经在《汤姆·索亚历险记》中描写的那样:"汤姆无意中发现了人类行为的一个重要定律,那就是要让人们渴望做一件事,只需使做这件事的机会难以获得即可。"

二、从众效应的原因

从众心理对人的影响确实很大,造成人产生从众心理的原因是多方面的。

(一) 群体对个体的无形压力

在群体中,个体由于不愿标新立异、与众不同感到孤立,而当他的行为、态度与意见同别人一致时,却会有"没有错"的安全感。从众源于一种群体对个体的无形压力,迫使一些成员违心地产生与自己意愿相反的行为。

从众行为一般有这样几种表现形式:一是表面服从,内心也接受,所谓口服心服。二是口服心不服,出于无奈只得表面服从,违心从众。三是完全随大流,谈不上服不服的问题。

"真从众"往往是所提出的意见或建议正合本人心意,或者自己原无固定意向,或者是"跟多数人在一起不会错"的"随大流"思想。"假从众"则往往是碍于情面或者为免受群体的指责和惩罚。例如,有的同学不吸烟,也不想吸香烟,但伙伴中许多人都抽烟,为使自己与大家协调一致也只得抽上。当个体受到群体的影响(引导或施加的压力)时,会怀疑并改变自己的观点、判断和行为朝着与群体大多数人一致的方向变化,也就是通常人们所说的"随大流"。

(二) 个体经验不足,阅历浅,自信度低、成功感弱

对有些事情不了解,掌握的信息少,这种情况下人们往往会从众。比如,你到一个陌生的地方找饭馆吃饭会看哪家的客人多就去哪家,你会想人都是理性的,很多人到这家饭店吃饭肯定是饭菜好。

事实表明不同类型的人,从众行为的程度也不一样。一般来说,女性从众多于男性;性格内向、自卑感的人多于外向、自信的人;文化程度低的人多于文化程度高的人;年龄小的人多于年龄大的人;社会阅历浅的人多于社会阅历丰富的人。

(三) 学习"领头羊"行为

从众效应也被称为羊群效应,羊群是一种很散乱的组织,平时在一起也是盲目地左冲右撞,但一旦有一只头羊动起来,其他的羊也会不假思索地一哄而上,全然不顾前面可能有狼或者不远处有更好的草。人们发现羊群会有一只领头羊,其他的羊都会模仿领头羊的行为。由于资源有限,人与人之间、行业与行业之间存在激烈的竞争,其中有某个人或某个企业处于领先地位,这种领头羊式的角色常常成为人们关注的焦点,一旦"领头羊"做出新的选择,往往会引导其他人或企业也跟着做出同样的选择。整个羊群不断模仿这只领头羊的一举一动,领头羊到哪里去吃草,其他的羊也去哪里淘金。

羊群行为是在现有的信息条件下人们通过模仿领头羊的行为以期达到自己的预期结果,虽然结果常常不能如愿以偿,但是在做出这个选择之前,人们有一种理性的预期希望,为了达到这种预期的希望,人们会选择这种跟从行为。例如,前几年网上流行的"带头大哥777"就是股市中的"股神",带头大哥在博客中预言某只股票会大涨,他的粉丝们就买进这只股票,后来带头大哥因涉嫌私募敛财而被捕,粉丝们才恍然

大悟，失声痛哭。在这里，股民并不认识带头大哥，受网络上很多人跟随并成功的影响，一批又一批的股民相信了网络，期望跟着带头大哥自己也能发财。股民相信自己所掌握的信息，即使是不完全信息也是目前状态下的理论前提，并对此行为有一个良好的预期期望，于是产生了羊群行为。

三、从众效应的影响

就从众心理的客观影响来看，有时是积极的，如别人献血你也去献；有时是消极的，如看到别人在公园摘花，自己也跟着去摘花。其关键在于模仿的行为是否积极的，如良好的校风、良好的班风会使全体学生都受益。人大附中一个55人的班，37人考进清华、北大，10人进入剑桥大学、耶鲁大学、牛津大学等世界名校并获全额奖学金，其他考入复旦、南开等大学。不仅如此，校足球赛冠军、校运动会总冠军、校网页设计大赛总冠军等6项文体冠军，都被这个班夺走；音乐才子、辩论高手、电脑奇才、跆拳道高手在这个班比比皆是。

我们也能看到如果当地的社会风气不好，肯定对青少年的影响是消极的。某校一寝室，入学伊始，老生、老乡频频光临此舍，传舞弊、赌博之"经"，送逃课、恋爱之"宝"，结果年终，该舍二人留级，其余四人侥幸通过考试。

从众心理还不利于科学进步。许多的创造发明都是对思维定式的挑战，许多科学理论的提出也都是对传统权威进行冲击。假如科学家们一味从众，又怎能让科学真理的光芒普照大地？当人们一味迷信亚里士多德的权威时，只有伽利略没有从众，坚持自己的科学理论，用真实的实验挑战权威，反对从众，从而让科学之光照亮大地。当人们都对"地球中心说"深信不疑时，只有哥白尼没有跟随世人的步伐，从而提出了"太阳中心说"。假如伽利略和哥白尼他们也一味从众,不懂创新,那么科学和真理将不知何时得见天日。

有的人对"从众"持完全否定态度。其实任何存在的东西总有其合理性,羊群效应并不见得就一无是处。这是自然界的优选法则,在信息不对称和预期不确定的条件下,看别人怎么做确实是风险比较低的。羊群效应可以产生示范学习作用和聚集协同作用,这对于弱势群体的保护和成长是很有帮助的。它的影响具有两重性:消极的一面是抑制个性发展,束缚思维,扼杀创造力,使人变得无主见和墨守成规;积极的一面即有助于学习他人的智慧经验,扩大视野,克服固执己见、盲目自信,修正自己的思维方式,减少不必要的烦恼和误会等。

在日常交往中,点头意味着肯定,摇头意味着否定,而这种肯定与否定的表达方式在印度某地恰恰相反。当你到该地时,若不"入乡随俗",就会寸步难行。因此,对"从众"这一社会心理和行为,要具体问题具体分析,不能认为"从众"就是无主见。

在生活中,我们要扬"从众"的积极面,避"从众"的消极面,努力培养和提高自己独立思考和明辨是非的能力,对他人的信息不可全信也不可不信,凡事要有自己的判断。遇事和看待问题,既要慎重考虑多数人的意见和做法,也要有自己的思考和分析,从而使判断能够正确,并以此来决定自己的行动。凡事或都"从众"或都"反从众"都是要不得的。

四、从众心理的运用

从众效应正是有着一定的合理性才能广泛存在,成为了一种规律,一旦成为规律就可以被人们运用在生活的方方面面。

(一) 托儿

"托儿"已经成为生活中的一个现象，经常稍一不慎就被"托儿"骗了。"托儿"本是北京方言，出现在20世纪90年代初，最初指的是商店或是路边小摊儿雇上一个或几个人，假装成顾客，做出种种姿态，引诱真正的顾客购买其产品。卖的是什么东西，就叫什么托儿，如卖布的叫"布托儿"，卖鞋的叫"鞋托儿"。此后中国各行各业都出现了形形色色的"托儿"一族，看病时会遇上"医托儿"，求学有"学托儿"，坐车有"车托儿"，上酒吧有"吧托儿"，就连吃饭都会遇上"饭托儿"。踊跃排队买房制造楼市繁荣假象的叫"房托儿"，谈话节目现场安排的踊跃发言的叫"话托儿"……其实这种促销方式都是利用了人从众的心理。

(二) 树立榜样

商家会聘用明星代言其产品，让消费者感到某某明星也用从而效仿，一部青春剧过后，剧中主角穿的衣服就会大火。商家会先吸引群体的意见领袖，当他们使用该商品时，这个商品也就引爆了。某某买彩票中了几千万，这样的消息我们经常看到，于是尽管中奖概率极小，但是仍有不少人踊跃购买，期盼自己也能中大奖。娱乐界的明星效应使得无数青年报艺校，参加选秀，尽管一年也就出一两个明星。传销组织也会宣传财富效应，会告诉新进者，谁谁一年就赚了几百万等，让新进者产生不切实际的发财梦……

(三) 制造很多人购买的假象

一处刚开盘的售楼处，我们就看到在售楼图上已经贴了很多红点，表示已经售出，给人产生一种房子很抢手的感觉；淘宝店主往往会刷销量，显示商品销售火爆；买商品时，销售员会告诉你很多人买了这款产品，赶紧买吧，不会错的……

某大型商场一楼在搞促销，促销摊位前有众多女士。售货小姐一边忙着给交钱的顾客包装皮鞋，一边喊道："时尚女鞋，五折促销！"王小姐本来不准备买皮鞋，但是看到这种场景，也忍不住挤进去看看，发现大家就像不花钱一样抢着买。最终自己花了210元（5折后）买了一双比较满意的真皮皮鞋，高高兴兴走了。过了几天，在该品牌专卖店，发现同款皮鞋，店里标价就是210元，其实根本没有打折，王女士大呼"上当！"。

第三节　专才好还是通才好

情景引入：小蔡这样做对吗？

不少同学为了将来更好找工作，就会多学些其他学科的知识，认为"技多不压身"。学中文的小蔡告诉记者，从上大一开始，她就涉猎了其他门类的知识，三年半的时间里，她一共拿到了8个证：英语四级证、计算机三级证、导游证、翻译证、驾驶证等。原以为这样在求职的时候可以拥有更广的选择空间，没想到她所中意的那家公司并不看重应聘者手里所持证书的多少，要求毕业生兼备理科生的思维与能力，这让她有点措手不及。

小蔡说，为了毕业后找工作更有把握，她投入了大量精力去换取那些夺目耀眼的证书，专业课甚至因此而受到冷落，结果成绩不甚突出。她现在的情形是：样样通、样样松，"专业水平"在她所掌握的几门技能上都显得有些牵强。

这样做对吗？我们是应该专精一门成为专才，还是涉猎多门成为通才？社会更需要专才还是通才？

人们学习总是喜欢涉猎多个学科，这个领域也学学，那个领域也学学，什么都会些，但是都不精通。参加工作后也是频繁跳槽，而且往往都是跨行业、跨职能的跳槽，几年下来做了很多职业，但都是初级水平。一个人在一个领域持续学习、钻研十年的少之又少，为什么出现这种现象？

知识导航四　劳动分工、专业化

亚当·斯密认为经济学要研究如何增加国民财富。他认为，国民财富的增长，首先取决于劳动生产率的提高，而提高劳动生产率的主要途径是分工。

一、劳动分工可以提高生产率

《国富论》的开篇就介绍劳动分工，可见劳动分工在亚当·斯密的眼中是多么重视。下面是《国富论》中对劳动分工的描述。

扣针制造业是极微小的了，但它的分工往往唤起人们的注意。所以，我把它引来作为例子。一个劳动者，如果对于这职业（分工的结果，使扣针的制造成为一种专门职业）没有受过相当训练，又不知怎样使用这职业上的机械（使这种机械有发明的可能的，恐怕也是分工的结果），那么纵使竭力工作，也许一天也制造不出一枚扣针，要做二十枚，当然是绝不可能了。但按照现在经营的方法，不但这种作业全部已经成为专门职业，而且这种职业分成若干部门，其中有大多数也同样成为专门职业。一个人抽铁线，一个人拉直，一个人切截，一个人削尖线的一端，一个人磨另一端，以便装上圆头。要做圆头，就需要有两三种不同的操作。装圆头，涂白色，乃至包装，都是专门的职业。这样，扣针的制造分为十八种操作。有些工厂，这十八种操作，分由十八个专门工人担任。固然，有时一人也兼任两三门。我见过一个这种小工厂，只雇用十个工人，因此在这一个工厂中，有几个工人担任两三种操作。像这样一个小工厂的工人，虽很穷困，他们的必要机械设备，虽很简陋，但他们如果勤勉努力，一日也能成针十二磅。以每磅中等针有四千枚计，这十个工人每日就可成针四万八千枚，即一人一日可成针四千八百枚。如果他们各自独立工作，不专习一种特殊业务，那么，他们不论是谁，绝对不能一日制造二十枚针，说不定一天连一枚针也制造不出来。他们不但不能制出今日由适当分工合作而制成的数量的二百四十分之一，就连这数量的四千八百分之一，恐怕也制造不出来。①

就其他各种工艺及制造业说，凡能采用分工制的工艺，一经采用分工制，便相应地增进劳动的生产力。各种行业之所以个个分立，似乎也是由于分工有这种好处。一个国家的产业与劳动生产力的增进程度如果是极高的，则其各种行业的分工一般也都达到极高的程度。未开化社会中一人独任的工作，在进步的社会中，一般都成为几个人分任的工作。

劳动分工提高生产率的原因有以下两点。

1. 每个人拥有不同的资源、能力、天赋，有自己擅长的工作和不擅长的工作，分工可以使每个人从事自己擅长的、生产率更高的工作，从而使整体的生产效率提高。

2. 分工可以导致熟练程度提高，形成专业化。分工可以使人们专门从事某项业务，经验技巧会随着时间而增加，以此为终生业务的人，

---

① 刘灿. 现代企业理论基础教程 [M]. 成都：西南财经大学出版社，2004：130.

其熟练程度通常也高得多。所以，在此等制造业中，有几种操作的迅速程度简直使人难于想象，如果你不曾亲眼见过，你决不会相信人的手能有这样大的本领。我们看看水饺店里面擀皮的和包饺子的就会知道了。

每个人的精力是有限的，如果一个人做多方面的工作，精力必然被分摊稀释，各项工作都做不好。即使是历史上的名人如达·芬奇，他除了在画画上，还在医学、哲学上有很深的造诣，但大部分后人只能记住他在绘画上的成就，何况我们普通人。有一个人非常喜欢经济学，通过一段时间的学习他发现了一个规律，凡有所成就的必然要专业化。他们家开了一个小卖部，原来什么都卖，生意不温不火。他通过调查，发现当地人们对纽扣有很大需求，而且没有专门的店面，于是他把其他商品都撤下，进了各式各样的纽扣，专门做起了纽扣生意。由于专业，他家的纽扣特别齐全，这吸引了很远地方的人都到他这里来买纽扣，生意日益红火。

所以如果我们的兴趣很广泛，一定要剪裁掉一些，不然它们会分掉养分，导致都长不大。我们每个人要有所成就必然要专业化，专业化可以提高效率。所以，我们看到分工可以使资源得到最佳配置，分工可以形成专业化。

由此，亚当·斯密在《国富论》的第一章提出了国家财富增长的根本：分工、专业化、交换。

英国是第一个既富裕又强大的国家，因为他们推崇亚当·斯密的《国富论》的自由贸易与分工论。亚当·斯密生前在英国受到人们普遍的尊敬，包括贵族。亚当·斯密提出的财富来自分工与自由贸易的观点深入英国人的头脑里，也是英国开疆拓土的重要理论工具。

分工思想深入西方人们的心中。西方普遍提倡劳动分工、自由贸易。例如，中国拍电视剧大多全是一个编剧下来，美国拍电视剧基本是多个编剧、导演合作完成。因为美国拍电视剧往往是先拍两集与电视台对赌，如果收视率达到一定程度就赶紧接下来拍，对效率要求高。而中国都是先写完拍完后再找电视台播放，结果有些观众不喜欢就卖不出去，中国每年有 1 万 5 千集电视剧没有被播放，造成了极大的损失浪费。

经济学家茅于轼留学美国时，发现了一个奇怪的现象：美国本地的保姆竟然也雇佣保姆，雇佣其他国家的保姆。美国本地的保姆工资高，100 美元/小时，而其他国家的保姆为 30 美元每小时。如果美国保姆不雇佣保姆那么她就需要在家里打理家务，一天花费两个小时就少挣 200 美元，如果雇佣其他国家的保姆则只需要花费 60 美元，这样她还净赚 140 美元，显然是划算的。

【小资料】古代中国为什么比西方发达？

古代中国比西方发达就是因为分工。中国自商朝就有专业的铁匠、木匠等工种。

春秋时期管仲变法提出"四民分业，士农工商"。把国民分成了士人、农民、工匠、商贾四个阶层，按各自专业聚居在固定的地区。

专业分工、子承父业的制度让齐国的制造业技术领先于其他国家，以丝绸为例，我国最早出现的丝织中心就在临淄。"天下之人冠带衣履皆迎齐施"。

二、贸易可以使每个人的状况变好

为了说明人们为什么选择在物品与劳务上依靠其他人，以及这种选择如何改善了他们的生活,我们来看一个简单的经济故事。

设想世界上有两种物品——牛肉与土豆。而且世界上有两个人——牧牛人和种土豆的农民。他们每人都既喜爱吃牛肉,又喜爱吃土豆。

如果牧牛人只能生产牛肉,而农民只能生产土豆,那么,贸易的好处是最明显的。在一个方案中,牧牛人和农民可能选择"老死不相往来"。但在吃了几个月烤牛肉、煮牛肉、炸牛肉和烧牛肉之后,牧牛人确认自给自足并不像想象的那样惬意。一直吃土豆泥、炸土豆、烤土豆和用贝壳烘的土豆的农民们,也同意牧牛人的看法。贸易使他们能享用更多的种类:这时每个人都可以有汉堡包和炸薯条。[1]

虽然这个故事简单明了地说明了每个人如何能从贸易中获益,但如果牧牛人和农民都能生产对方的物品,只是要以相当高的成本,这种好处也是类似的。例如,假定种土豆的农民可以养牛并生产牛肉,但他并不擅长于养牛。同样,假定牧牛人也能种土豆,但他的土地并不适于种土豆。在这种情况下,很容易看到,农民和牧牛人都可以专门从事自己最擅长的活动,然后在相互交易中获益。

但是,当一个人在生产每一种物品上都较为擅长时,贸易的好处就不太明显了。例如,假定牧牛人在养牛和种土豆上都优于农民。在这种情况下,牧牛人和农民应该选择保持自给自足吗?或者还有什么理由使他们相互交易?为了回答这个问题,我们需要进一步考察影响这类决策的因素。

---

[1] 李瀚洋. 懂经济必读的108个现代哲理 [M]. 北京: 北京工业大学出版社, 2005: 78.

(一) 绝对优势理论

我们来看一种最简单的经济。假如林子和军子各有一亩地,林子的地适合种果树,一亩可以产 1000 斤,如果种植粮食则亩产 400 斤;而军子的地适合种植粮食,一亩可以产 1000 斤,如果种植果树则产 400 斤。如果两人不分工,各自都种植粮食和水果,我们假定都各占用一半的地,则林子得到的产量是 500 斤水果和 200 斤粮食,军子得到的是 500 斤粮食和 200 斤水果,总产量为水果 700 斤,粮食 700 斤。如果他们各自发挥自己的优势,分工协作,即林子全部种植水果,军子全部种植粮食,则总产量为 1000 斤水果和 1000 斤粮食,投入不变,产出却增加了,这就是分工贸易产生的效益。

这就是绝对优势理论,一国生产一种产品的劳动生产率要比另一国家更高,但在生产另一种产品上要比另一个国家低,两个国家都有自己的绝对优势。如果两国都专业化生产各自具有绝对优势的产品,然后通过贸易,两国都可以获益。各国生产和出口具有绝对优势的产品,进口自己相对弱势的产品。

(二) 比较优势理论

如果一个人在各个方面都比另一个人强,那么还要不要贸易往来呢?

假如一个律师,他的打字速度为 140 字/分钟,如果他找到的一个秘书的打字速度仅仅是 100 字/分钟,那么他要不要雇佣秘书呢?我们知道律师的工作是专业性很强的工作,400 元每小时,而秘书的工资是 20 元每小时。如果律师不雇佣秘书的话,把时间浪费在打字这些杂务上,那么他的生意将会受到影响。而雇佣秘书对双方都是有好处的。

再举一个例子：乔丹要不要修草坪？①

迈克尔·乔丹是一名优秀的运动员。但是，他很可能在其他活动中也出类拔萃。这里假设乔丹修剪自己的草坪比其他任何人都快。但是仅仅因为他能迅速地修剪草坪，就意味着他应该自己修剪草坪吗？

为了回答这个问题我们可以引入机会成本和比较优势的概念。比如说，乔丹用2小时能修剪完草坪。在同样的2小时里，他可以拍一部运动鞋的电视商业广告赚到1万美元。与他相比，住在乔丹隔壁的小姑娘杰尼弗要用4小时才能修剪完乔丹家的草坪。在这同样的4小时中，她可以在麦当劳工作并赚到20美元。在这个例子中，乔丹在修剪草坪上有绝对优势，因为他可用更少的时间干完这个活。但杰尼弗在修剪草坪上有比较优势，因为她的机会成本低。但是，如果乔丹和杰尼弗之间展开贸易，对双方就更有好处。乔丹不应该修剪草坪，而应该去拍商业广告片。他应该雇用杰尼弗来修剪草坪。显然，只要乔丹支付给杰尼弗的钱大于20美元而低于1万美元，双方的状况都会更好。

如果一个国家在本国生产一种产品的机会成本低于在其他国家生产该种产品的机会成本，则这个国家在生产该种产品上就拥有比较优势。这时双方进行贸易也可以使双方的状况变好。

【相关案例】 美国应该与其他国家进行贸易吗？②

美国人喜欢的许多物品是外国生产的，而美国生产的许多物品也在国外销售。国外生产而在国内销售的物品称为进口。国内生产而在国外销售的物品称为出口。

---

① 乌彦博. 听管理学家讲故事 [M]. 北京：当代世界出版社，2007：95.
② 乌彦博. 听管理学家讲故事 [M]. 北京：当代世界出版社，2007：110.

为了说明各国如何能从贸易中获益，假设有两个国家，美国和日本，生产两种物品，食物和汽车。假设两国汽车同样好，美国工人和日本工人每人每月能生产一辆汽车。与此相比，由于美国的土地更多、更好，它生产食物更有利，美国每个工人每月能生产2吨食物，而日本每个工人每月只能生产1吨食物。

比较优势原理说明，每种物品应该由生产这种物品机会成本较少的国家生产。由于美国一辆汽车的机会成本是2吨食物，但日本只是1吨食物，所以，日本在生产汽车上有比较优势。日本应该生产多于自己使用需要的汽车，并把一些汽车出口到美国。同样，由于日本1吨食物的机会成本是一辆汽车，而美国只是0.5辆汽车，所以，美国在生产食物上有比较优势。美国应该生产多于自己消费需要的食物，并把一些食物出口到日本。通过专业化和贸易，两国都可以有更多食物和更多汽车。

当然，在这些问题中最重要的是每个国家都有许多具有不同利益的群体。即使国际贸易可以使国家作为一个整体状况变好，但也会使某一群体的状况变坏。当美国出口食物而进口汽车时，对美国农民和对美国汽车工人的影响是不同的。但是，与政治家和政治评论家有时所说的观点相反，国际贸易并不像一场战争，在战争中有些国家是胜利者，而其他国家是失败者。事实上，贸易会使所有国家都可以实现更大的繁荣。

对于任何一个各方面都强大的国家或个人，聪明的做法不是倚仗强势，四处出击，而是将有限的资源、时间、精力用在自己最擅长的地方。

贸易可以使每个人状况更好。了解这个基本的经济学原理，对我们做出正确的经济决策是非常有益的。谁也不见得什么都做，把有些业务外包出去，把有些产品购买进来。我们不用自己种粮食，做衣服，盖房子，只要干好自己最擅长的工作，通过交易可以获得更好的生活。

三、分工实现的条件——活跃的贸易

分工并不是很容易就能实现的，分工必然要进行交易，如果交易成本很高，必然限制分工。就像马克思所说的从产品转化为货币资本是惊险的一跳。现实的交易成本会阻碍这一跳，从而使交易难以实现。

分工起因于交换能力，分工的程度因此总要受交换能力大小的限制，换言之，要受市场广狭的限制。市场要是过小，那就不能鼓励人们终生专务一业。因为在这种状态下，他们不能用自己消费不了的自己劳动生产物的剩余部分，随意换得自己需要的别人劳动生产物的剩余部分。

有些业务，哪怕是最普通的业务，也只能在大都市经营。如搬运工人，就只能在大都市生活。小村落固不待言，即便普通墟市，亦嫌过小，不能给他以不断的工作机会。生活在荒凉的高原一带的人迹稀少的小乡村的农夫，不论是谁，也不能不为自己的家属兼充屠户、烙面师乃至酿酒人。在那种地方，要在二十里内找到铁匠、木匠或泥水匠，也不容易。那样的地方交易成本太高，所以贸易活动是极少的。

交易成本泛指所有为促成交易发生而形成的成本。交易成本包括：

1. 搜寻成本：商品信息与交易对象信息的搜集。

2. 信息成本：取得交易对象信息与和交易对象进行信息交换所需的成本。

3. 议价成本：针对契约、价格、质量讨价还价的成本。

4. 决策成本：进行相关决策与签订契约所需的内部成本。

5. 监督交易进行的成本：监督交易对象是否依照契约内容进行交

易的成本，如追踪产品、监督、验货等。

6. 违约成本：违约时所需付出的事后成本。

如果交易成本过高，人们就会放弃从市场上获得，而转为自己生产，那么就会阻断贸易活动。

【小资料】①

根据可靠的历史记载，开化最早的乃是地中海沿岸各国。地中海是今日世界上最大的内海，没有潮汐，因而也没有可怕的波涛。地中海，由于海面平滑，岛屿棋布，离岸很近，在罗盘针尚未发明，造船术尚不完全，人都不愿远离海岸，而视狂澜怒涛为畏途的时候，对于初期航海最为适宜。在古代，驶过世界的尽头，换言之，驶过直布罗陀海峡西航，在航海史上一直被视为最危险、最可惊的企图。就连当时以造船航海事业著名的腓尼基人和迦太基人，也是过了许久才敢尝试。而且，在他们尝试过了很久以后，别国人民才敢问津。

在地中海沿岸各国中，农业或制造业发展最早、改良最大的，要首推埃及。上埃及的繁盛地域，都在尼罗河两岸数公里内。在下埃及，尼罗河分成无数支流，大大小小，分布全境，这些支流，只要略施人工，就不但可在境内各大都市间，而且在各重要村落间，甚至在村野各农家间，提供水上交通的便利。这种便利，与今日荷兰境内的莱茵河和麦斯河，几乎全然一样。内陆航行，如此广泛，如此便易，无怪埃及进步得那么早。

东印度孟加拉各省，以及中国东部的几个省，似乎也在极早的时期已有农业和制造业上的改良。

---

① 万斌. 智慧之光 中西哲学名著导读 [M]. 上海：上海人民出版社，2001：附页.

这是由于水路的成本低，尤其在古代更加突出，船可以装载的东西更多，顺风的话使用风力就行了。"水运开拓了比路运所开拓的广大得多的市场，所以从来各种产业的分工改良，自然而然地都开始于沿海沿河一带。这种改良往往经过许久以后才慢慢普及到内地。"

只有当市场交易活跃时，市场发达时，人们才更容易找到自己的比较优势，做自己更擅长的事业。前几年喜欢文学的人，被人讽为文艺青年，找不到用武之地，但现在网络文学的兴起，涌现出一大批文学写作者；现在喜欢写诗词的人，也可以为歌手创造歌词；美国会购买我国生产的服装，我国会购买美国的粮食；这些都是市场的选择，通过市场交易，各自的比较优势被发现，每个人才能从事自己擅长的事情。

第四章

工作中的经济学

第一节 男怕入错行

情景引入:"先就业,再择业"对不对?

近几年,随着大学生就业难问题的凸显,不少学生在走出校门选择第一份工作时都抱着"先就业,再择业"的态度。随着他们工作阅历的增加,一两年后,越来越多的人考虑起重新择业、重新入行的问题。我国曾有句古话:女怕嫁错郎,男怕入错行。千百年来,"入错行者"比比皆是,进入一个不适合自己的行业,带来的不仅仅是工作的不适应和低廉的薪水,更为严重的是,你将因此看不到生活的希望,你的一生也将因此一事无成,最终必然成为芸芸众生中普普通通的一员,"入错行"的后果之严重可见一斑。

也有人说,三百六十行,行行出状元,不怕入错行。

还有人说,不怕,大不了跳槽转行。

你的观点呢?

知识导航一　路径依赖与转移成本

一、路径依赖

在制度经济学中，路径依赖是指人们一旦选择了某个体制，由于规模经济、学习效应、协调效应以及适应性预期等因素的存在，会导致该体制沿着既定的方向不断得以自我强化。一旦人们做了某种选择，就好比走上了一条不归之路，惯性的力量会使这一选择不断自我强化，并让你轻易走不出去。

为什么所有的国家并没有走同样的发展道路，为什么有的国家长期陷入不发达，总是走不出经济落后制度低效的怪圈。经济学家道格拉斯·诺斯（Douglass C. North）考察了西方近代经济史以后，认为一个国家在经济发展的历程中，制度变迁存在着"路径依赖"现象。

诺斯认为，"路径依赖"类似于物理学中的惯性，事物一旦进入某一路径，就可能对这种路径产生依赖。这是因为，经济生活与物理世界一样，存在着报酬递增和自我强化的机制。这种机制使人们一旦选择走上某一路径，就会在以后的发展中不断得到自我强化。

（一）含义

路径依赖有两种含义：其一是指一旦发展进入某一轨道，系统的外部性、组织的学习效应以及历史上关于这些问题所派生的主观主义模型就会增强这一进程。其二是指，初始阶段具有报酬递增的制度，在市场不完全、组织无效率的情况下，一旦阻碍了生产活动的发展，并产生一些与现有制度共存共荣的组织和利益集团，这些组织和利益集团就会使这种无效率的制度变迁的路径延续下去。

"路径依赖"理论被总结出来之后，人们把它广泛应用在选择和习惯的各个方面。在一定程度上，人们的一切选择都会受到路径依赖的影响，人们过去做出的选择决定了他们现在可能的选择，人们关于习惯的一切理论也可以用"路径依赖"来解释。

（二）原因

路径依赖的具体原因如下。

1. 每一种选择都有其最初的合理性，如果一旦选择了，这种合理性就会得到不断的强化，并借助惯性的力量，使人无法摆脱。

2. 人总是有惰性的，当人们已经习惯了某种状态和环境后，就会产生某种依赖性，被天生的惰性套牢，再也不愿意改变。

3. 每一次选择之后，我们总要付诸行动，投入人力、物力、财力和时间，而重新选择肯定就会使这些投入变成沉没资本，无法收回。

4. 重新选择会丧失许多既得利益，甚至大伤元气，从此一蹶不振。

5. 重新选择就意味着必须在已经拥有的东西和想得到的东西之间做一个取舍，而这往往太难了，因为想得到的毕竟还是个未知。显而易见，路径依赖存在自我强化效应和锁定效应，就是这两种效应把人们牢牢地套在了既有的路径之中的。

进入市场早的技术可以凭借其领先优势，实现规模经济，降低单位成本，诱使同行采用相同的技术，从而产生协同效应，技术在行业中的流行会促使人们相信它会进一步流行，这样就形成了自我强化机制的良性循环，从而战胜竞争对手。相反，由于新技术进入市场晚，就不会有足够的追随者，没有足够的追随者，就不会收回技术开发成本，从而不能进一步开发新技术，由此进入恶性循环，进入锁定状态。

同样，在经济、政治、企业、个人的发展过程都会出现技术领域的那种报酬递增现象，沿着正确的路径会进入环环相扣、互为因果、互相促进的良性循环中，不断优化。如果选择了错误的路径，就要被锁定在无效率的状态下而导致停滞，进入锁定状态，无法脱身。①

（三）结论

通过对路径依赖理论的深入了解，我们可以得到这样的结论：好的路径通过惯性和"冲力"，会产生飞轮效应，从而对企业、组织、机构或个人的发展起到正向反馈的作用，使之进入良性循环。不好的路径就像恶性循环一样，产生"锁定效应"，对企业、组织、机构或个人的发展起到负面反馈的作用，从而导致其处在某种无效率的状态下或者干脆处于停滞状态。

也就是说，在现实生活中，如果我们发现自己正处于一条好的路径中，我们就要尽可能地发挥它的优化作用，使自己一直处于良性循环之中。相反，如果我们发现自己正处于一条坏的路径中，我们就要坚决果断地摆脱它，不让厄运在自己的身上循环。

【相关案例】铁轨间距

现代铁路两条铁轨之间的标准距离是1.435米。原来，早期的铁路是由建电车的人所设计的，而1.435米正是电车所用的轮距标准。那么，电车的标准又是从哪里来的呢？最先造电车的人以前是造马车的，所以电车的标准是沿用马车的轮距标准。马车又为什么要用这个轮距标准呢？英国马路辙迹的宽度是1.435米，所以，如果马车用其他轮距，它的轮子很快会在英国的老路上撞坏。这些辙迹又是从何而来的呢？从古罗马人那里来的。因为整个欧洲，包括英国的长途老路都是由罗马人

---

① 翟文明. 不可不知的50个生活法则 [M]. 北京：蓝天出版社，2006：68.

为他们的军队所铺设的,而1.435米正是罗马战车的宽度。任何其他轮宽的战车在这些路上行驶的话,轮子的寿命都不会很长。罗马人为什么以1.435米为战车的轮距宽度呢?原因很简单,这是牵引一辆战车的两匹马屁股的宽度。故事到此还没有结束。美国航天飞机燃料箱的两旁有两个火箭推进器,因为这些推进器造好之后要用火车运送,路上又要通过一些隧道,而这些隧道的宽度只比火车轨道宽一点,因此火箭助推器的宽度是由铁轨的宽度所决定的。[1]

所以,最后的结论是:路径依赖导致了美国航天飞机火箭助推器的宽度,竟然是两千年前由两匹马屁股的宽度所决定的。

【相关案例】戴尔[2]

人们关于习惯的一切理论都可以用"路径依赖"来解释。它告诉我们,要想路径依赖的负面效应不发生,那么在最开始的时候就要找准一个正确的方向。每个人都有自己的基本思维模式,这种模式很大程度上会决定你以后的人生道路。而这种模式的基础,其实是早在童年时期就奠定了的。做好了你的第一次选择,你就设定了自己的人生。

在国际IT行业中,戴尔电脑是一个财富的神话。戴尔计算机公司从1984年成立时的1000美元,发展到2001年销售额达到310亿美元,是一段颇富传奇色彩的经历。戴尔公司有两大法宝:"直接销售模式"和"市场细分"方式。而据戴尔的创始人迈克尔·戴尔透露,他早在少年时就已经奠定了这两大法宝的基础。

戴尔12岁那年,进行了人生的第一次生意冒险。为了省钱,酷爱

---

[1] 何章银. 制度路径依赖理论视野中的东亚救灾合作机制研究 [J]. 西部学刊, 2014 (6): 33—38.

[2] 翁灿铭. 路径依赖负面效应下的企业战略选择探究 [J]. 云南财经大学学报, 2008 (3): 41—46.

集邮的他不想再从拍卖会上卖邮票,而是通过说服自己一个同样喜欢集邮的邻居把邮票委托给他,然后在专业刊物上刊登卖邮票的广告。出乎意料地,他赚到了2000美元,第一次尝到了抛弃中间人、"直接接触"的好处。有了第一次,就再也忘不掉了。后来,戴尔的创业一直和这种"直接销售"模式分不开。

上初中时,戴尔就已经开始做电脑生意了。他自己买来零部件,组装后再卖掉。在这个过程中,他发现一台售价3000美元的IBM个人电脑,零部件只要六七百美元就能买到。而当时大部分经营电脑的人并不太懂电脑,不能为顾客提供技术支持,更不可能按顾客的需要提供合适的电脑。这就让戴尔产生了灵感:抛弃中间商,自己改装电脑,不但有价格上的优势,还有品质和服务上的优势,能够根据顾客的要求直接提供不同功能的电脑。

这样,后来风靡世界的"直接销售"和"市场细分"模式就诞生了。其内核就是:真正按照顾客的要求来设计制造产品,并把它在尽可能短的时间内直接送到顾客手上。

此后,戴尔便凭借着他发现的这种模式,一路做下去。从1984年戴尔退学开设自己的公司,到2002年排名《财富》杂志全球500强中的第131位,其间不到20年时间,戴尔公司成了全世界最著名的公司之一。正是初次做生意时的正确路径选择,为后来戴尔事业的成功奠定了基础。

二、转移成本

转移成本是消费者在购买一件商品以取代原有商品的过程中,过渡所需要支付的费用。转移成本衡量了顾客对某一位供应商的锁定程度。

转移成本越高，锁定程度越高，反之，越低。

信息产业中的产品还具有很强的用户锁定效应，这是信息产品区别于传统的工业制成品的又一项显著特性。多数信息产品都处于某个系统中，单件产品只有与其他产品相互配合才能发挥作用。因此用户在购买了某件产品之后，通常还要购买配套的硬件和软件，并且学习产品的使用方法，才能充分发挥其效用。此时，一旦用户向某种特定的系统中投入各种补充和耐用的资产时，就会产生锁定。这种情况在信息产业中是非常普遍的现象。锁定程度的大小与早期的投入，即转移成本有关。投入越多，则锁定程度越高。

转移成本的构成：第一，学习的成本。如从 QWERTY 键盘转移到 Dvorak 键盘将花费的培训和学习费用，这已经成为市场失灵的经典案例。第二，交易的成本。如更换供应商所面临的风险以及交易费用。第三，机会成本。如"老客户优惠"的损失等。

【小资料】[1]

发达国家的生产商能非常有效地利用信息产品的特性来锁定用户。其运用的方式主要有以下几种类型：

1. 设备报价非常低，但是附加有要求用户承诺将使用该生产商的维修保养服务的条件。

2. 使用其拥有独立知识产权的软件、操作系统。由于许多国家和国际组织都承诺保护知识产权，使得用户无法对其购买的具有知识产权保护的产品进行修改，如果用户想要对设备进行改造，就只能通过该公司进行，用户想要在现有系统上搭载新的功能，也必须通过该公司。

---

[1] 段世明. 地理信息产业的经济特性分析［J］. 地理信息世界，2006（2）：30—33.

3. 不断地对现有系统进行升级，如果用户已经安装了生产商原先提供的信息产品，那么生产商就会以系统升级为由，迫使用户不断追加投资。微软的办公室自动化软件就是一个很好的例子，从 Office 95 到 Office 97，软件的性能并无多大改善，但是用户为了和外界进行文件交换，就不得不进行软件升级，因为旧版本的软件无法兼容新版本的文件。可以说，软件行业之所以推陈出新的速度极快，很大程度上是因为通过不断的升级，可以向被锁定的用户销售更多的产品。

三、行业平均利润率规律

资本主义社会中，各个生产部门的不同利润率通过部门间的竞争形成平均利润率的客观必然性。平均利润率规律的存在以竞争为前提，于是各个生产部门的资本便有着不同的利润率。资本有机构成高和周转速度慢的部门，利润率比较低；资本有机构成低和周转速度快的部门，利润率则比较高。资本家为了追逐有利的投资场所，总是把资本由利润率较低的部门转移到较高的部门。都必然要得到等量利润，那些利润率较高的部门，由于大量资本的涌入，产品数量大大增加，供给超过需求，价格下降，价值转化为生产价格利润率也随之下降。原先利润率较低的部门，使各个生产部门的等量资本得到等量利润，由于资本退出，生产量减少，供给少于需求，价格上涨，利润率也随之提高。

利润率平均化是指投资于不同行业或部门的资本，其利润回报有平均化趋势。其实，利润率既受平均化因素影响，又受非平均化因素影响，但非平均化趋势作用更强，因而实际利润率并不平均。不平均是经常的、长期的，平均则是偶然的、暂时的，这才是现实的规律。

垄断性会阻碍行业平均利润率规律，从 2006 年 19 个行业门类的平均工资的截面数据来看，两个垄断行业门类电力、燃气、和水的生产与供应以及金融业的合计平均工资为28765元和39280元，这两个数据分别高出全国职工平均工资"合计"（21001元）37%和87%，特别是金融业职工平均工资水平合计部分差不多是全国合计的2倍。

另外，一些新兴行业的供给往往小于需求，这也使得行业利润不平均。

【小资料】

每类行业对不同层次不同职位的价值定义与需求不同，同时在不同发展规模与阶段，其各序列岗位的价值差别很大。举例如下。

1. 同样是物流经理，在制造类公司，年薪可能只有15万，零售公司可能只有20万年薪，但在电子商务公司则30万都不稀奇，这就是行业导致的差别。

2. 同样是招聘经理，在一个高成长类的互联网公司和一个成熟平稳期的制造类公司，岗位价值就可能相差1~3倍。

3. 同样是财务总监，在房地产，互联网类公司和在传统行业公司，可能相差若干倍，这就是行业差别。

什么是好行业？

总体而言，好行业从求职者来说，通常有以下几个特点。

1. 市场容量比较大，能确保一个企业做大的和可持续发展的空间。

2. 有比较好的持续成长性，或者有一定的进入门槛，容易形成企业竞争壁垒和职业发展的连续性。

3. 盈利模式比较好，有较强的支付能力，有利于职业人士获得比较好的价值回报。

4. 对某些关键职位序列的人才有较强依赖性。

5. 行业人才的稀缺度高或者区域性供应不平衡；通常新兴行业充满无限可能。

第二节　面试应该怎样展示

情境引入：面试之前要不要"包装"？

一个在全国报刊上发表过几十篇文章的业余作家来北京谋求编辑的工作。面试时，主考官问他有没有工作，业余作家如实回答，说没有工作，他的姿态很低，表示只要能给他一个机会就心满意足了。他面试了很多单位，却没有一家录取他。

他的朋友给他包装了一下履历，他便从没有工作变成了某报社的出色编辑，期望月薪不低于3000元，他求职时不亢不卑的自信姿态获得了某报社的青睐，第二天就让他上班了。

知识导航二　信息不对称

一、信息

（一）信息经济

世界经济由物质经济向信息经济转化，信息产业在农业和工业发展到一定水平后会迅速发展成为社会的感觉器官、神经系统和大脑，推动社会前进。

信息社会是信息产业高度发达且在产业结构中占据优势的社会，信息化是由工业社会向信息社会前进的动态过程,反映了从物质产品的社会到信息产品的社会的演进和转型。

信息经济是指依靠更多的知识信息,生产出物质和能源消耗更少,而质量更好、更耐用的产品的经济。在信息经济中,信息成分大于物质成分的产品和服务将占主导地位。

信息经济以信息技术为物质基础,以信息产业为部门构成,以信息活动作用的强化为主要特征。在信息经济中,经济活动对信息活动的依赖达到了空前的地步。

信息在生活经济中的地位越来越高。

(二)完全信息与不完全信息

完全信息是指市场参加者对于某种经济环境状态的全部知识。完全信息是一个有效率的完全竞争市场所必需的理论前提条件。市场参加者对于环境(产品价格和质量)具有完全信息的市场称为完全市场。

在现实经济中,没有人能够拥有各个方面经济环境状态的全部知识。所谓不完全信息是指市场参与者不拥有某种经济环境状态的全部知识。市场参加者对于环境(产品价格和质量)具有不完全信息的市场称为不完全市场。不完全信息和不完全市场的假设取代完全信息和完全市场,更具有现实的经济意义。新凯恩斯学派认为,不完全信息经济比完全信息经济更加具有现实性,市场均衡理论必须在不完全信息条件下予以修正。

(三)信息对称与信息不对称

根据参与经济活动的双方掌握的信息多少可以划分为信息对称和信息不对称。所谓信息对称是指在某种相互对应的经济人关系中,对应的双方都掌握有对方所具备的信息,即双方都了解对方所具有的知识和所处的环境。

信息不对称指交易中的各人拥有的信息不同。在社会政治、经济等活动中，一些成员拥有其他成员无法拥有的信息，由此造成信息的不对称。

在市场条件下，要实现公平交易，交易双方掌握的信息必须对称。换句话说，倘若一方掌握的信息多，另一方掌握的信息少，二者不"对称"，交易就做不成；或者即使做成了，也很可能是不公平交易。

传统经济学基本假设前提中，重要的一条就是"经济人"拥有完全信息。事实上，现实生活中市场主体不可能占有完全的市场信息，信息不对称是普遍存在的。信息不对称必定导致信息拥有方为牟取自身更大的利益使另一方的利益受到损害，这种行为在理论上就称作道德风险和逆向选择。

例如，时下北京很流行请月嫂。月嫂有经验，有知识，可以帮助产妇坐月子。有位小伙子，妻子快生小孩了，从网上查到某服务公司可以提供月嫂，于是兴冲冲前往。服务公司接待很是热情，很快电话联系来一位中年女子，介绍道，她就是我们公司的月嫂某某，从下月开始，就到你们家服务吧。这位月嫂到底经验如何，知识怎样，有过怎样的从业经历，服务公司只简单做了介绍，小伙子便匆匆与公司签了合同。谁知到家后才发现，这位月嫂根本不懂育儿常识，连婴儿洗澡之类基本的事情也做不好。一问才知，她是不久前刚下岗应聘的。公司说，边干边学，在游泳中学会游泳吧。

例如，一个小的法律公司面试两个应聘者，一男一女。两个应聘者都是某法学院最近的毕业生，都有适合工作职位的良好素质。如果"最好"的应聘者是能为公司赚最多的钱的人——这看上去是一个合理的假设，那么，一般公司认为理性的选择是雇用这位男生。面试者手头没有关于候选人生育计划的特殊信息，但是，基于人人皆知的情况：妇女通常承担小孩抚养的责任，更重要的是，在有孩子以后，她可能不会再来工作，这给公司增加了发现、雇用和培训另一个律师的成本。

情况一定是这样吗？不一定。这位男应聘者可能梦想和他的5个孩子待在家里，这位女应聘者可能几年前就知道自己对生小孩毫无兴趣。

二、信息不对称的原因

（一）私有信息

私有信息，是指个别市场参加者所拥有的具有独占性质的市场知识。通俗地说，如果我知道一些你不知道的东西，我的所知就是我的私人信息，归根结底是有关某些事物的一些信息。如有关一些产品是否具有严重的缺陷的信息，这样的信息往往只被能接近和熟悉这种产品的人"私自"观察到，那些无法接近这种产品的人却无从了解或者难以了解。就是说私有信息要花很高成本才能得到，甚至是无法得到的。

相反，如果一则信息是大家都知道的，或者是所有有关的人都知道的，它就叫作"公共信息"或者"公共知识"。"私人信息"的存在导致了"信息的不对称性"：一些人了解的情况比其他的人要多。把你掌握的关于这件事物的信息放在天平的一边，把他掌握的关于同一件事物的信息放在天平的另一边，一边轻，一边重，就是信息的不对称性。有时我们也用"隐藏信息"或"隐蔽信息"这些术语来代替"私人信息"，以不对称信息泛称信息的不对称性。

（二）获取信息需要成本

即使是公共信息我们要获取它也要付出成本，如时间、精力等，这会阻碍我们获取相关的信息，造成信息不对称的局面。举个例子，你家门口的桃子 5 块钱一斤，口味一般，你听到卖家叫卖："甜桃市场最低价"，信以为真，便买下了这家桃子，但是你不知道下一个路口桃子又大又甜，3 块一斤。设想一下，众多消费者可以了解市场的行情，大家肯定会在其他条件相似的条件下（如到下一个路口只要 10 米，意为交通成本基本可以忽略的情况下）选择那家又便宜又好吃的桃子。你为什么没有去下一个路口问一下价格呀？是成本阻碍了你获取有用信息。

【相关案例】

一个学生在 A-level 学经济学，当别人都在复习老师给的资料的时候，他很清楚地知道这么点东西就算倒背如流考试也考不好，于是他并没有急于复习，而是把所有的时间都花在看似无谓的网上寻找资料上，比如去 student room 跟别人交换手头资料。皇天不负有心人，让他找到了一个牛津教授自己的网站，专门帮助 A-level 考生复习经济学，他把这个打印出来，理成厚厚一册，秉着死马当活马医的心态学习这些资料，最后考试的时候，好几个单元都拿了满分。全英国考经济学的考生没几个能知道这个网站，因为这个网站实在太低调。

（三）人脑接收信息和处理信息的能力有限

信息不对称是人们进行专业化分工的必然要求和结果。人类社会的生产力不断提高的一个重要方面就是分工的不断演进，然而，分工在提高了生产能力的同时，使得人们只能了解与自己从事的工作相关的较小范围的世界，对别的产品的了解往往只停留在使用上，社会劳动分工使不同行业的劳动者之间产生了巨大的行业信息差别，专业化产生的信息差别导致了信息不对称。一个显而易见的事实是，在不同行业的劳动者之间，本行业的劳动者所掌握的本行业信息平均要多于其他行业的劳动者所了解的本行业信息。这样，不同行业的劳动者在不同的信息领域或者不同的时期，产生了不同的信息优势与劣势。信息优势与劣势的出现，意味着信息不对称的存在。同样，专业化生产的信息差别，也同样严重地导致了信息的不对称存在。专业化使得个人在其自身的专业领域比其他专业领域的个人了解更多的本专业的知识，而其他专业的个人则平均地比该专业的个人了解的更少，从而也导致了专业性的信息优势与信息劣势。如医生、律师等专业很强的领域，外人是很难获取相关信息的。

（四）认知结构、认知框架不同导致的信息不对称

我们发现信息不对称还包括主观性的信息不对称，即信息是共同的，但人们却有不同的理解导致的认知不同。

美国科普畅销书作家詹姆斯·格雷克（James Gleick）写的《信息简史》里面曾经讲过一个事情，说的是一个科学家去一个比较原始的部落考察，那个部落没有书面文字，在科学家和这个部落的人交流的过程中，科学家发现，部落里的人很是缺乏抽象思考的能力。比如说，我们可以抽象地谈数字，1，2，3，4……但是，对于这些部落里的人而言，他们的概念里没有这些抽象出来的东西，他们对 1 的理解，一定是跟随着一件事物来说的，来形容的。比如我们可以思考 $1+1=2$，对他们而言，则只能思考 1 棵树 + 1 棵树 = 2 棵树。

我们把这个部落里面的人替换掉，也换成现代人，你会发现，信息不对称更具有内涵的一面展现出来了：两个现代人之间因为认知框架差异产生了信息不对称。

再举个例子，面对股市，大家在拥有一样的可量化的市场信息的情

况下，对于信息的判断依然是有差异性的，对于股市变动，有的人认为反映了 A，有的人则认为反映了 B；再比如说，在红绿色盲病没有被正式发现之前，很多色盲患者，以为看到的颜色 A 就是颜色 B，并且在接受社会化的命名"B 色"时，没有任何障碍（就拿你自己来说，你怎么知道你看到的"红"，也是大家眼里的"红"呢？）。

《穷爸爸和富爸爸》这本书里就提出两个鲜明的人的思维对比，富爸爸的思维方式与穷爸爸的思维方式截然不同。同样的信息，一个股票高手能发现一个重大的机会，而普通的股民却熟视无睹，这主要就是由于知识结构和认知框架不同造成的。当我们处于底层时很难理解为什么有些人赚钱那么容易那么快，而自己却拼死拼活也赚不了几个钱。这是由于你在你的年龄阶段或者说收入水平、见识水平、能力水平、信息的获取和感知经验下，无法理解更高层级人的思想和理念，因此阻碍了你向上发展的通道或者说是浪费了你的时间。

我们与父母、老师、其他人之间都存在信息不对称，父母、老师说的深有感触的话，我们通常听不进去。

三、信息不对称对人行为的影响

（一）逆向选择

逆向选择是指在合同签订之前，进行市场交易的一方已拥有了另一方所不具有的某些信息，而这些信息有可能影响后者的利益，于是占据信息优势的一方很可能利用这种信息优势做出对自己有利，而对另一方不利的事情。

人们进行交易时，产品质量是重要特征，在许多情况下买主不了解产品质量，真正了解产品质量的是卖主。不同的卖主提供的产品质量不同，那些质量差的产品的卖主为了自己的利益将商品质量特征的信息

"隐藏"了起来。所有的卖主都说自己的产品好，而买主无法区分谁在说真话，谁在说假话，他只能根据对整个市场的估计决定购买数量及支付价格。在好产品与次品被顾客以同样方式对待时，次品在成本上具有优势，从而可能在销售上占有优势。当买主发现所购产品并非像自己估计的那样好时，他们会进一步降低对产品质量的估计水平，降低支付的价格。此时，则可能将成本高的好产品淘汰出市场，使好产品在竞争中失败，而次品却留在市场中，从而违背市场竞争中优胜劣汰的选择原则。

逆向选择说明了假冒伪劣产品对市场的破坏作用，一方面，它有可能将好产品挤出市场，并最终摧毁消费者对市场的信任，导致市场的"萎缩"；另一方面，尽管顾客知道有一些卖主是好的，但是由于他们无法区分谁好谁坏，宁可不买也不愿意冒风险，这个时候，市场将会变得"冷清"，甚至会消失。

在传统的完全竞争理论中，市场中的所有产品被假设具有相同的质量。因此，能以更低价格出售产品的卖主（质量不变）必然意味着生产效率高，能以更低的成本生产出质量相同的产品。在市场竞争中，他们通过价格竞争击败对手，赢得市场。这种价格竞争行为不会使市场冷清，只会使市场繁荣。这种竞争有利于资源的最优配置，并且有利于社会福利。但是，当质量的信息可以被隐藏起来时，一些企业就可以采取非价格的竞争手段。他们并不是通过提高生产效率、降低成本，进而降低价格来进行竞争，而是利用消费者无法将他们的产品同其他企业的好产品区分开来，通过降低产品质量来降低成本，从而在价格上占据竞争优势。这种交易如果达成则对一方有利而使另一方受损，所以这并不是真正的价格竞争，这种行为对市场是有害的。

（二）道德风险倾向

道德风险倾向通常是指交易合同达成以后，从事经济活动的一方在最大限度地增进自身效用的同时做出不利于另一方的活动。由于不对称信息和不完全合同使负有责任的经济行为者不能承担全部损失（或利益），因而他们不承担其行动的全部后果，这会引起市场交易各方的效用冲突，导致市场的低效率。如员工与老板，老板掌握的信息少，员工掌握的信息多，员工就会产生偷懒行为倾向，因为休闲要比工作获得的效用大，但这会侵害老板的利益。

在交易双方签约后，当委托人的利益还要取决于代理人的行动时，委托人的利益实现就有可能面临着败德的行为，委托人不能肯定代理人是否愿意或有积极性去实现委托人的利益。委托人利益的实现要取决于其他社会成员（代理人）的积极性，当代理人是自利的人时，委托人需要激励代理人做出恰当的行动。在经济学中，道德风险主要涉及无法在契约中明确规定的代理人的行动选择。对于这些行为的选择，代理人相对于委托人拥有私人信息，具有隐藏性，委托人无法观测到这些行动。代理人对这些行动的选择将影响到委托人的利益。正如对事前人们隐藏信息的行为的担心可能会导致市场的冷清一样，对事后人们隐藏行动的道德风险的担心也会影响人们的交易活动。如果这种问题的存在是严重的，也会严重阻碍经济社会的运行。

【相关案例】逆向选择导致"劣币驱逐良币"

假设有一个二手车市场，其中有1000辆二手车。这些车虽然表面上看起来一样新，但它们的使用年限甚至行驶的里程都不一样，即实际上它们的质量是不一样的。这个模型假定整个二手车市场内汽车的质量由 0 至 1 之间均匀分布，每种质量段的车数量一样。卖主对于自己的车的质量了解得很清楚，而买主却处于不对称信息条件下的劣势一方。假定质量为 1 的车价钱为 60000 元。在买方根本不知道车的质量的情况下，他愿意出多少价钱买一辆车呢？最正常的是愿意出 30000 元。也就是说买车的人对车的期望质量位于 0 到 1 中间的 1/2 的地方，所以他只愿意出最好车的 1/2 的价钱。在买方只愿意出 1/2 价钱的时候，卖方会怎么做呢？他们就将不再出售价格高于 30000 元的好车了，这一部分价格高于 30000 元的好车就退出了市场。但这样一来，进入了恶性循环的状态。当买车的人发现有一半的车退出了市场后，他就会判断出留下的都是不好的车。于是，他们所能接受的价位会降到 30000 元的 1/2，即 15000 元。而卖主对此相应的反应则是再次使质量高于 15000 元的车退出市场。依此类推，市场上质量好的车的数目会越来越少，最终导致了这个二手车市场的瓦解。

  婚恋市场上，假设某优秀男生甲和另一个次优男生乙共同追求美丽女生丙。次优男生乙自知论帅气程度及经济实力都不如甲，所以追求攻势就格外猛烈；而优秀男生甲虽然也很喜欢丙，但碍于面子，也由于自恃实力雄厚所以追求起来就内敛含蓄不温不火。美丽女生丙实际上喜欢甲要远胜于乙，但女孩子的自尊心理作怪，再加上信息不对称——她不能肯定甲是不是也那么喜欢她，所以会显得很矜持。最后的结果很可能是乙大获全胜娶到了丙。而丙会带着遗憾，心里想着甲却成了别人的新娘。这就是"劣币驱逐良币"，也就是"逆向选择"——虽然无奈然而却实在，生活中许多事情的结果大抵都是如此。[1]

---

[1] 贾利军. 诺贝尔经济学奖经典理论——经济学茶座[M]. 呼和浩特：内蒙古人民出版社，2003：112.

四、信息不对称的控制对策

信息的不对称分布对于任何市场主体都是适用的，是普遍的、客观的存在。也正是因为信息是不对称分布的，人类才会从事各种信息的收集、交流活动，开展信息服务，进行信息的生产、消费。所有信息活动的目的就是为了削弱信息的不对称，使各方都尽量掌握充分的信息。同时也必须认识到由于信息的不对称而产生的逆向选择和道德风险倾向对市场行为产生的负面影响，以及由此造成的市场低效都是客观存在的，因而必须采取一定的手段对其加以控制，确保市场的有效运行。通常所采取的对策有以下两种。

（一）市场信号

如果市场中拥有信息优势的一方能够（最好是愿意）将信息传递给缺乏信息的另一方，或者处于信息劣势的一方能够诱使对方提供信息，那么，逆向选择问题可以缓解。正的市场信号是对信息的不完备、非对称状况的补充，"名牌"和"文凭"就是两种典型的市场信号。

现实中，这样的办法确实存在。比如说，刘利静在《高校毕业生就业中的信息不对称问题分析与对策研究》中提到，高质量产品的卖主通过向消费者提供一系列的保证：质量保证书、包退、包换、包修等，向消费者发出产品质量信号。对卖主来说，产品质量越高，他提供保证的预期成本就越低，所以他提供质量保证的积极性显然高于低质量产品的卖主，买主将这一系列保证看作高质量产品的信号，从而愿意支付较高的价格。此外，产品长期形成的优质名牌、著名商标等，也是生产者努力向消费者发出的市场信号。高质量产品通过市场信号，使其与低质量产品以及伪造产品相区别。名牌厂商或高质量产品生产者制造信息增加的成本，最终将加入商品价格而由消费者承担。从消费者角度看，由于信息不对称，消费者难以确定商品的具体质量，但他们知道名牌产品的平均质量高于非名牌产品，高于仿造产品。消费者购买非名牌产品遇到低质量产品的概率大大高于购买名牌产品时遇到低质量产品的概率，而且购买低质量产品的效用损失可能高于名牌产品与非名牌产品的市场价格之差。由于消费者处于信息非对称的不利选择地位，消费者在非名牌产品中搜寻高质量产品的成本通常是比较高的，在这种情况下，消费者自然愿意购买高价格的名牌商品。[1]

人才市场同样存在用人单位与应聘者之间信息不对称的问题。如果拥有私人信息的一方（如大学生就业市场上的应聘者）有办法将其私人信号传递给没有信息的一方（如用人单位），或者是后者能诱使前者揭示其私人信息，交易的帕累托最优就可以实现。

在找工作时，应聘人往往对自己的能力比雇主知道得更清楚。设想市场上有两种应聘者，高能者和低能者。二者都积极向雇主传递自己能力很高的信号，尤其是低能者要想方设法把自己伪装成一个高能者。这时候雇主怎么能做出正确的判断呢？斯宾塞认为，教育投资的程度可以作为一种可信的传递信息的工具。那些上过名牌大学的人一般讲要比普通学校的学生更聪明、更勤奋，也更专注、更有自制力。根据这种判断，我们可以理解为什么一些人愿意花重资上名牌大学，原因是名牌大学和高学位都可以作为在将来找工作时向雇主传递高能力的信号。

当然，高学历也不一定就意味着高能力，名牌大学有时也会出现一些能力及知识水平较差的学生。但是，在没有更好选择的情况下，受教

---

[1] 刘利静. 高校毕业生就业中的信息不对称问题分析与对策研究［D］. 天津：天津师范大学，2009.

育水平基本上可以视作一个很好的判断工具。那些拥有较高学历的人是向招聘单位发送了较强的信号，所以会得较高的工资。

这就是所谓的信息传递，在信息传递中，拥有私人信息的一方先行动。此外，企业长期形成的企业文化、优质品牌、企业形象等，也是用人单位努力向大学生求职者发出的信息信号。优秀的用人单位通过市场信号，使其与差的用人单位相区别，这样大学生就能够通过用人单位发布的这些信息，形成对用人单位好坏的判断，做出更加符合自身发展的选择，就能使招聘双方由于信息不对称产生的市场不利状况得到改善。①

（二）激励机制设计

激励机制设计是一类特殊的不完全信息对策。激励机制表现为使得拥有私人信息的一方有积极性说实话。合适的激励机制是解决道德风险的有效途径之一。

例如，企业往往对销售人员实行低基本工资高提成的工资体系，就是为了甄别出销售能力弱的销售员。在这种对策中，委托人的支付函数是人所共知的，而代理人的支付函数只有代理人自己知道，委托人和其他代理人不知道。委托人可以直接要求代理人报告自己的类型，但代理人可能不会说实话，除非委托人能给代理人提供足够的激励。由于提供激励是有成本的，因此委托人面临着成本与收益的交替问题：如果不提供激励或激励不足，会受到信息不准确而带来的损失；如果激励过度，则会以过高的代价获得价值不够高的信息。这两种损失都有可能发生，委托人的理智选择应是在其中寻找最佳平衡点。

---

① 刘利静. 高校毕业生就业中的信息不对称问题分析与对策研究 [D]. 天津：天津师范大学，2009.

激励的含义是机制设计者诱使具有私人信息的代理人从自身利益出发做出的行动符合委托人的目标。委托人设计机制的目的是最大化自己的期望效用，但他这样做时面临着两个约束：第一个约束是，如果让一个理性的代理人有任何兴趣接受委托人设计的机制从而参与对策的话，代理人在该机制下得到的期望效用必须不小于他在不接受这个机制时得到的最大期望效用。这个约束被称为参与约束或个人理性约束。代理人在对策之外能得到的最大期望效用称为代理人的保留效用。因为，当代理人参与对策时他就失去了对策之外的机会，因而保留效用又称为机会成本。参与约束要求机制所针对的个体愿意参与，而不采取规避行为。第二个约束是，在委托人不知道代理人类型的情况下，代理人在所设计的机制下必须有积极性去选择委托人希望他选择的行动。显然，只有当代理人选择委托人所希望的行动能够得到的期望效用不小于他选择其他行动所得到的期望效用时，代理人才会积极地选择委托人所希望的行动，这个约束称为激励相容约束。满足参与约束的机制称为可行机制，满足激励相容约束的机制称为可实施机制。如果一个机制同时满足参与约束和激励相容约束，我们称这个机制是可行的可实施机制。

典型的机制设计有一个三阶段的不完全信息对策：在第一阶段，委托人设计一个"机制"。这里，机制是一个对策规则，根据这个规则，代理人发出信号。在第二阶段，代理人同时选择接受或不接受委托人设计的机制。如果代理人不接受，他得到外生的保留效用。在第三阶段，接受机制的代理人根据机制的规定进行对策。

在市场经济中，厂商的信誉在提供激励方面发挥着特别重要的作用。信誉是一种保证，即使消费者可能知道自己并不能从这些保证中得到什么——它不是"退款"保证，但是消费者知道如果厂商表现不佳的话,其信誉会受到影响,因此,维持信誉向厂商提供了生产优质产品的激励。而在就业市场,用人单位和应聘者之间通过签订较完备的劳动合同可以有效地解决应聘者的信息劣势问题。另外,用人单位为了自身长远的经济利益,也会通过各种形式极力维护其信誉,否则,如果员工提供的工作效率低下,服务质量差,就会影响其信誉,随之就必然遭受利润损失。

【相关案例】猎狗故事的管理哲学[①]

猎人第一次外出打兔子,雄赳赳气昂昂地带着他那只猎狗。走在路上,猎狗很兴奋地东嗅嗅西看看,猎人这个时候觉得真是幸福啊,他似乎已经看到猎狗叼回成堆的兔子,这美好的前景让他忍不住偷笑。

这时,猎狗发现一只兔子,就一下子冲过去,兔子没命地狂跑,猎狗紧追不舍。这样一直追啊追,追了很久还没有捉到。一只羊看到,讥笑猎狗说:"哟!兔子个头比你小多了,反而比你跑得快!"猎狗却理直气壮地回答:"你不知道我们两个的跑是完全不同的吗?我不过为了一顿饭而跑,他却是为了性命而跑呀!"

这话被赶来的猎人听到了,猎人一怔:"猎狗说得对啊,要让他更卖力地为我捉兔子,我得给他定个目标,增加点动力才行呀!"

于是,回家后猎人又从别处招聘了几条能干的猎狗,并承诺:凡是能够在打猎中捉到兔子的,就可以得到几根肉骨头,捉不到的就没有饭吃。这一招果然有用,为了生计,猎狗们纷纷努力抓兔子,每天晚上都有丰硕的战果。

但是,猎人还没有高兴多久,问题又出现了。大兔子身手矫健,非

---

① 沧浪.你要跑得比他快 [M].北京:中国商业出版社,2004:55.

常难捉到；小兔子则比较好捉，但是，不管抓到大兔子还是小兔子，骨头都是一样的。善于观察的猎狗们发现这个窍门后，就专门捉小兔子。猎人很纳闷："怎么最近你们捉的兔子越来越小了？"猎狗们说："反正没有区别，为什么费那么大的劲去捉大兔子呢？"

猎人想想也是。所以，他仔细考虑后，决定定期统计猎狗捉到兔子的总重量，按照重量来评价猎狗这期间的工作成绩，以此决定他们一段时间内的待遇。新政策实行后，猎狗们捉到兔子的数量和重量都增加了，猎人开心得不得了，觉得自己真是太聪明了。然而好景不长，没过多久，猎人就发现，猎狗们捉兔子的数量又少了，而且越有经验的猎狗，捉兔子的数量下降得就越厉害，猎人百思不得其解，就去问猎狗。猎狗说："老板，我们把最好的时间都奉献给你了，但是我们总有一天会老的，当我们捉不到兔子的时候，你还会给我们骨头吃吗？"

猎人哑口无言。为了尽快恢复猎狗们的捕猎激情，他宣布了论功行赏的决定，即分析与汇总猎狗们捉到的所有兔子的数量与重量，如果捉到的兔子超过一定的数量后，即使以后都捉不到兔子，每顿饭也可以得到一定数量的骨头保证生活。猎狗们一开始很高兴，大家都努力去达到猎人规定的数量。一段时间过后，终于有一些猎狗达到了猎人的标准。这时，其中有一只猎狗开始不满："我们这么努力，只得到几根骨头，而我们捉的猎物远远超过了这几根骨头，我们为什么不能给自己捉兔子呢？"不满的情绪逐渐蔓延，不少猎狗离开了猎人，自己捉兔子去了。

猎人意识到猎狗正在流失，并且那些流失的猎狗像野狗一般和自己的猎狗抢兔子。情况变得越来越糟，猎人不得已收买了一条野狗，问他野狗到底比猎狗强在哪里。野狗说："你只给猎狗吃骨头，但是他们可给你带回了不少的兔子肉啊！"接着又道："也不是所有的野狗都顿顿抓得到兔子吃得上肉，许多狗最后连骨头都没得舔！不然我也不至于被你收买。"猎人恍然大悟，再一次进行了改革，使得每条猎狗除基本骨头外，可获得其所猎兔肉总量的 $1/n$，而且随着服务时间加长，贡献变大，该比例还可递增，并有权分享猎人所有兔肉的 $1/m$。

这一条款一宣布，所有猎狗都欢呼起来。这样，猎狗们与猎人一起努力，将野狗们逼得叫苦连天，纷纷强烈要求重归猎狗队伍。看着猎人做得这么红火，不少新一辈的猎人都把他作为学习的榜样纷纷加入这一行。

日子一天一天地过去，终于到了冬天。兔子越来越少，猎人的收成也一天不如一天，而那些服务时间长的老猎狗们已经老得捉不到一只兔子，但仍然在无忧无虑地享受着他们自以为应得的食物。终于有一天，猎人再也无法忍受了，把他们扫地出门，因为猎人更需要身强力壮的猎狗。

第三节 我的工资是什么决定的

情景引入：谁在"操控"收入差别？

在1994年的美国，主要棒球联盟中的运动员平均赚到120万美元，医生平均赚到17.7万美元，工厂工人平均赚到2.2万美元。这三个例子说明在经济中收入的巨大差距非常普遍。这些差距解释了为什么一些人住高级公寓，开豪华车，到法国里维埃拉海滩度假，而另一些人住小房子，乘公共汽车，只能在自家后院里度假。什么因素导致人与人的收入差别如此之大？

知识导航三　工资的决定

一、行业利润影响工资水平

一个行业中的企业与该行业的工人往往是共存共荣的。当苹果价格上升时，苹果生产者赚的利润多了，摘苹果的工人赚的工资也高了。当苹果价格下降时，苹果生产者赚的利润少了，摘苹果的工人赚的工资也少了。那些价格变动剧烈的行业的工人对这个结论并不陌生。例如，石油行业工人从他们的经验中了解到，他们的收入与世界原油价格紧密相关。

劳动是一种生产要素，对于它的需求取决于对它所生产的产品的需求，即一种派生需求。对产品的需求增加就会引起对劳动的需求的增加，即工资上涨。

【相关案例】**生产率与工资**

经济学十大原理之一是，我们的生活水平取决于我们生产物品与劳务的能力。我们现在可以说明这个原理如何在劳动市场上发挥作用。特别是，我们的劳动需求分析表明，工资等于用劳动的边际产量值衡量的生产率。简言之，生产率高的工人，得到的工资高；生产率低的工人，得到的工资低。

这个结论对理解为什么现在工人比前几代工人的状况变好是至关重要的。下表列出了一些生产率增长与工资增长（根据通货膨胀进行了调整）的数据。从1959年到1994年，用每小时产量衡量的生产率每年增长1.8%左右，按这个增长率，生产率每40年翻一番。在这个时期中，工资增长的比率为相近的（略低一点）每年的1.2%左右。

美国生产率与工资增长

时期	生产率增长率	工资增长率
1959—1994 年	1.8	1.2
1959—1973 年	2.9	2.4
1973—1994 年	1.0	0.3

（资料来源：Economic Report of the President 1996，Table B45：332。）

在这里生产率增长用非农业部门每小时产量年度变动率来衡量。工资增长用非农业部门每小时实际报酬年度变动率来衡量。这些生产率资料衡量平均生产率——产量除以劳动量——而不是边际生产率，但可以认为平均与边际生产率是密切的，同时变动的。

表中还说明了 1973 年左右生产率增长放慢，从每年 2.9% 下降为 1.0%。生产率这种 1.9% 的放慢与工资增长放慢了 2.1% 是一致的。由于这种生产率放慢，现在年轻工人无法指望生活水平能像他们父母年轻时那样快地增长。生产率增长放慢 1.9% 看来并不大，但在许多年中累积的结果，即使增长率微小的变动也是重要的。如果自从 1973 年以来生产率和工资像以前那样同比率增长，那么，工人现在的收入应该比他们现有的高出 50%。

还可以根据国际经验来说明生产率和工资之间的这种联系。表中提出了按其生产率增长排序的有代表性地区的生产率增长与工资增长的一些数据。在韩国、新加坡和中国香港，生产率增长迅速，工资增长也快。在墨西哥、阿根廷和伊朗，生产率下降，工资也下降。美国在这种分布的中间，按国际标准来看，美国生产率增长和工资增长既不是特别快，也不是特别慢。

世界各国与地区的生产率与工资增长　　　　（单位:%）

国家或地区	生产率增长率	工资增长率
韩国	8.5	7.9
中国香港	5.5	4.9
新加坡	5.3	5.0
印度尼西亚	4.0	4.4
日本	3.6	2.0
印度	3.1	3.4
英国	2.4	2.4
美国	1.7	0.5
巴西	0.4	-2.4
墨西哥	-0.2	-3.0
阿根廷	-0.9	-1.3
伊朗	-1.4	-7.9

（资料来源：World Development Report of the 1994，Table 1：162—163，及 Table 7：174—175。）

生产率增长用 1980—1992 年人均国民生产总值年度变动率衡量，工资增长用 1980—1991 年制造业人均收入年度变动率衡量。

是什么引起各个时期各国的生产率与工资变动如此之大呢？对这个问题我们可以简单地提出生产率的三个关键决定因素：

◎物质资本：当工人用于工作的设备和建筑物越多时，他们生产的就越多。

◎人力资本：当工人受教育越多时，他们生产的就越多。

◎技术知识：当工人使用越先进的技术时，他们生产的就更多。

物质资本、人力资本和技术知识是大部分生产率、工资和生活水平差别的最终源泉。

（摘自曼昆《经济学原理》）

二、工作性质：补偿性工资差别

当一个工人决定是否接受某份工作时，工资仅仅是这个工人考虑的许多工作特性之一。某些工作轻松、有趣又安全，另一些工作艰苦、枯燥又危险。按这些非货币特性来判断，工作越好，在任何一种既定工资时愿意从事这种工作的人就越多。换句话说，那些轻松、有趣而安全的工作的劳动供给大于那些艰苦、枯燥而危险的工作。因此，"好"工作往往比"坏"工作的均衡工资低。

例如，设想你正在本镇海滨俱乐部找一份暑假工作。可以得到的工作有两种：你可以接受一份做海滨入场证检查员的工作，也可以接受做一名清洁工的工作。海滨入场证检查员可以整天悠闲地沿着海滩散步，并检查一下旅游者是否带了合格的进入海滨许可证。清洁工要在黎明前开着肮脏、有噪音的卡车在镇上收垃圾。你想做哪一种工作呢？如果工资相同的话，大多数人喜欢做入场证检查员。为了让人们当清洁工，镇里向清洁工提供的工资必定要高于入场证检查员。

经济学家用补偿性工资差别来指不同工作的非货币特性所引起的工资差别。补偿性工资差别在经济中普遍存在，下面是几个例子。

◎煤矿工人得到的工资高于其他有相似教育水平的工人。他们的高工资用来补偿采煤的枯燥和危险性，以及煤矿工人所具有的长期健康问题。

◎工厂中夜班工人的工资也高于同类白班工人。高工资补偿他们不得不夜里工作而白天睡觉，大多数人都不喜欢这种生活方式。

◎教授的工资低于受教育时间大致相同的律师和医生。教授的低工资由工作所带来的学术与个人满足而得到补偿。

三、人力资本

（一）教育程度

还存在另一种资本，尽管它不如物质资本具体，但对经济的生产同样重要。人力资本是对人的投资的积累。最重要的人力资本类型是教育。与所有资本形式一样，教育代表为了提高未来生产率而在某一时点的资源支出。但是，与对其他资本形式的投资不同，教育投资是与一个特定的人相联系的，这种联系使教育成为人力资本。

毫不奇怪，人力资本较多的工人平均收入高于人力资本少的工人。例如，美国大学毕业生的收入比高中毕业的工人高65%。这种巨大差额在世界上许多国家都得到证明。在发展中国家这种差距往往更大，在那些国家受过教育的工人供给稀缺。

从供给和需求的角度来说明为什么教育提高工资是容易的。企业——劳动需求者愿意向教育水平高的工人支付更高的工资，因为受教育程度高的工人有着较高的边际生产率。工人——劳动供给者只有在受教育的费用能得到回报时才愿意支付受教育的成本。实际上，受教育程度高的工人与受教育程度低的工人之间的工资差别可以作为对受教育成本的补偿性差别。

【相关案例】 日益增加的技能价值（摘自曼昆经济学原理）

"富者愈富，穷者愈穷。"像许多谚语一样，这句话并不总是正确的，但近年来却是这样。许多研究证明，过去20年来高技能工人与低技能工人之间的收入差距一直在扩大。

一般大学毕业生的收入与高中毕业后再没有受什么教育的人的收入比率一直在逐渐扩大。1976年，大学毕业生的收入平均而言比高中毕业生高55%；1994年高出84%。现在继续上学的经济激励和以前一样大。

为什么近年来熟练工人与不熟练工人之间的收入差距扩大了呢？没有一个人知道确切的原因，但经济学家提出了两种假说来解释这种趋势。这两种假说表明，相对于不熟练劳动的需求，熟练劳动的需求一直在增加。需求的移动引起了相应的工资变动，工资变动又引起更大的不平等。

第一个假说是国际贸易改变了对熟练劳动与不熟练劳动的相对需求。近年来，与其他国家的贸易量大大增加。美国的进口从1970年占总产值的5%增加到1995年的13%。美国的出口从1970年的6%增加到1995年的11%。由于在许多国家，不熟练劳动丰富而廉价，美国倾向于进口用不熟练劳动生产的物品，并出口用熟练劳动生产的物品。因此，当国际贸易扩大时，国内熟练劳动需求增加了，而不熟练劳动需求减少了。

第二个假说是，技术变革改变了熟练劳动与不熟练劳动的相对需求。以电脑引进生产过程为例，电脑增加了对会用这种新机器的熟练工人的需求，并减少了那些工作被电脑替代的不熟练工人的需求。例如，许多公司现在依靠电脑数据库来储存商业记录，并减少了对文件柜的依赖。这种变化增加了对电脑程序员的需求，减少了对档案管理员的需求。因此，随着越来越多的企业开始使用电脑，对熟练劳动的需求增加了,而对不熟练劳动的需求减少了。

经济学家发现要验证这两个假说的正确性是困难的。当然,这两个假说可能都是正确的:日益增长的国际贸易和技术变革可能分担了我们最近几十年所观察到的不平等扩大的责任。

前面我们讨论了教育的人力资本观点,根据这种观点,正规教育增加工人的工资是因为教育使这些人生产率更高。虽然这种观点被广泛接受,但一些经济学家提出了另一种理论,这种理论强调,企业把教育状况作为区分高能力工人与低能力工人的一种方法。根据这种观点,当人们得到大学学位时,他们并没有变得生产率更高,但他们向有希望的雇主发出了他们高能力的信号。因为高能力的人比低能力的人更容易得到大学学位,所以,企业把大学学位解释为高能力的信号是合理的。

教育的人力资本和信号观点有其重要的相似之处与重要的不同之处。这两种观点都可以解释为什么受教育多的人往往比受教育少的人赚得多。根据人力资本观点,教育使工人生产率更高;根据信号观点,教育与天赋能力是相关的。但这两种观点对旨在增加教育成就的政策的影响有根本不同的预期。根据人力资本观点,提高所有工人的教育水平会提高所有工人的生产率,从而提高所有工人的工资。根据信号观点,教育并没有提高生产率,因此,提高所有工人的教育水平并不影响工资。

怀疑教育信号论的人指出,教育是企业根据能力来对申请工作者分类的一种成本高昂的方法。如果信号是上大学的唯一收益,那么企业可以设计更好的方法来雇佣高能力申请者。例如,能力检验与试用期就比人们用四年时间上大学,而仅仅为了确定他们内在能力的成本低得多。由于企业继续依靠大学学位来筛选工人,而不是用其他更廉价的方法,所以判断大学本身对工人生产率至少有某种有利的影响。

（二）能力、努力和机遇

为什么主要棒球联盟的运动员得到的收入高于次要棒球联盟的运动员？可以确定，高工资并不是补偿性工资差别。在主要棒球联盟里打球并不是一件不如在次要棒球联盟里打球愉快的工作，实际上，情况正好相反。主要棒球联盟并不要求读过许多年书或更有经验。在很大程度上，主要棒球联盟的运动员赚钱更多只是因为他们有更大的天赋能力。

对所有职业的工人，天赋能力都是重要的。由于先天遗传和后天培养，人们的体力与脑力都不一样。一些人强壮，另一些人瘦弱；一些人聪明，另一些人智力普通；一些人在社交场合中是外向的，另一些人是内向的。这些与其他个人特征决定了工人的生产率，因此在决定他们赚得的收入中起着作用。

与能力密切相关的是努力。一些人工作勤奋，另一些人懒散。看到那些工作勤奋的人生产率更高和工资更高我们并不奇怪。在某种程度上，企业直接按人们生产多少支付报酬。例如，销售人员通常是按他们完成的销售额百分比得到报酬。在另一些时候，勤奋工作却并不直接以高年薪和津贴的形式得到报酬。

在工资的决定中机遇也起着作用。如果一个人来到商业学校学习如何修理真空管电视机，然后发现由于晶体管电器的发明这种技能已经过时了，他与其他受过教育年限相似的人相比，赚到的工资较低。这个工人的低工资是由于机遇——一种经济学家承认，但并没有深入论述的现象。

能力、努力和机遇在决定工资的过程中有多重要呢？这是很难说的，因为能力、努力和机遇很难衡量。但间接的证据表明，它们是非常重要的。当劳动经济学家研究工资时，他们把工人的工资与这些可衡量的变量——正规教育年限、工作年限、年龄和工作特性联系起来。虽然所有这些可衡量的变量正如理论所预期的那样影响工人的工资，但在我们的经济中它们只能解释工资变动的不足一半。由于无法解释的工资变动如此之大，所以一些被忽略的变量，包括能力、努力和机遇，应该起着一种重要作用。

【相关案例】漂亮的收益

人与人之间在许多方面不同。其中一种差别是他们的吸引力大小。例如，演员梅尔·吉布森（Mel Gibson）是一个帅小伙。由于这个原因，他的电影吸引了大量观众。毫不奇怪，观众多对吉布森先生意味着大量收入。

漂亮的经济收益普遍存在吗？劳动经济学家丹尼尔·哈莫米斯（Daniel Hamermesh）与杰夫·比德尔（Jeff Biddle）在发表于1994年12月《美国经济评论》上的一项研究中力图回答这个问题。哈莫米斯和比德尔考察了美国和加拿大个人调查的资料。这项调查要求调查者对每个接受调查者的具体外貌评分。然后哈莫米斯和比德尔考察被调查者的工资在多大程度上取决于标准决定因素——教育、工作经验等，以及在多大程度上取决于他们的具体长相。

哈莫米斯和比德尔发现，漂亮在起作用。那些被认为相貌更具有吸引力的人平均比相貌平常的人收入高5%。那些相貌平常的人比那些被认为比一般人吸力小的人收入高5%—10%。对男人和女人的调查都得出了类似的结论。

用什么来解释这些工资差别呢？有几种解释"漂亮贴水"的方法。

一种解释是漂亮的外貌本身也是决定生产率和工资的内在能力之一。一些人生来就有电影明星的气质，另一些人则没有。在任何一种工人要在公众面前露面的工作中，漂亮的外貌都是有用的——如表演、推销和侍者。在这种情况下，有吸引力的工人对企业的价值比没有吸引力的工人更大。企业对有吸引力的工人愿意支付更多，反映了其顾客的偏好。

第二种解释是报告中的漂亮是对其他类型能力的间接衡量。一个看来很有吸引力的人还取决于遗传之外的其他因素。如服装、发型、个人举止，以及其他可以控制的气质。也许在调查谈话中成功地设计了有吸引力形象的人也是在其他工作中成功的有文化的人。

第三种解释是"漂亮贴水"是一种歧视。

（摘自曼昆经济学原理）

【相关案例】超级明星现象

虽然大多数演员赚得很少，而且还不得不从事侍者这样的工作来养家糊口，但演员金·凯利（Jim Carrey）1995 年赚了 2900 万美元。同样，当大部分人把打篮球作为消遣不拿一分钱时，为洛杉矶湖人队打球的沙奎里·奥尼尔（Shaquille O'Neal）每年的薪水为 1700 万美元。金·凯利和沙奎里·奥尼尔在他们的领域中是超级明星，他们极受公众关注就反映在天文数字般的收入上。

为什么金·凯利和沙奎里·奥尼尔赚的钱这么多呢？在一些职业内存在收入差距并不奇怪。好木匠赚的钱比一般木匠多，好的管道工赚的钱比一般管道工多。人们的能力与努力程度不同，这些差别引起收入差别。但最好的木匠和管道工没有像演员和运动员中常见的那样赚到几百万美元。用什么来解释这种差别呢？

为了解释金·凯利和沙奎里·奥尼尔的巨额收入，我们必须考察他们出卖自己劳务的市场的特征。超级明星产生在有两个特点的市场上：第一，市场上每位顾客都想享受最优生产者提供的物品。第二，使最优生产者以低成本向每位顾客提供物品成为可能的是生产这种物品所用的技术。

如果金·凯利是最风趣的演员，那么，每个人都想看他的下一部影片，看两遍风趣性只有凯利一半的演员的电影也不如看凯利的一部。此外，每个人都享受金·凯利的喜剧也是可能的。因为生产一部电影的拷贝是很容易的，金·凯利可以同时向数百万人提供他的服务。同样，由于湖人队的比赛在电视上播出，几百万球迷可以享受沙奎里·奥尼尔精湛的球艺。

现在我们可以说明，为什么不存在超级明星木匠与管道工。在其他条件相同的情况下，每个人都会喜欢雇佣最好的木匠，但与一个电影演员不同，一个木匠只能为有限的顾客提供他的劳务。虽然最好的木匠能得到比一般木匠高一些的收入，但普通木匠也仍能过上好日子。

（摘自曼昆《经济学原理》）

第四节　为什么三个和尚没水吃

情景引入：三个和尚

从前一座山，山里有座庙，庙里住着三个和尚，当昔日只有一个和尚的时候，他只能去山下的溪水旁挑水，但毫无怨言，感觉这是天经地义的。后来两个和尚的时候，为了表示公允公平，他们便二人去山下抬水，后来庙里变成三个和尚时，由于人多，反而变得相互推诿，相互扯皮，各自都在寻找不挑水的理由，结果人虽多了，却反而没有水喝了……

知识导航四　边际报酬递减规律

生产理论研究的是生产者的行为。生产者称为厂商，厂商是指能做出统一生产决策的单位。厂商分为独资（sole proprietorship 或译单人业主）、合伙（partnership）和公司（corporations）三种。

在研究生产者的行为时，我们假定生产者都是具有完全理性的经济人。他们生产的目的是实现利润最大化，即在既定的产量之下实现成本最小，或者在既定的成本下达到产量最大。正是生产者的这种最大化行为，决定了供给量与价格呈同方向变动。

生产者利润最大化的实现涉及这样三个问题：第一，投入的生产要素与产量的关系，即如何在生产要素既定时使产量最大，或者换句话来说，在产量既定时使投入的生产要素为最少。第二，成本与收益的关系。第三，市场问题。

一、生产与生产函数

（一）生产与生产要素

生产是对各种生产要素进行组合以制成产品的行为。生产也就是把投入变为产出的过程。生产要素是指生产中所使用的各种资源。这些资源可以分为劳动、资本、土地与企业家才能。

这里的生产狭义上是指厂商的生产行为，广义上凡是有投入和产出的活动都可称之为生产。如学习活动，投入时间精力，产出是成绩或能力的提高；如爱情，投入的是时间、精力、金钱、甜言蜜语等，产出是感情的增进。

(二) 生产函数

生产函数正是表明一定技术水平之下，生产要素的数量与某种组合和它所能生产出来的最大产量之间依存关系的函数。

以 Q 代表总产量，L、K、N、E 分别代表劳动、资本、土地、企业家才能这四种生产要素，则生产函数的一般形式为：

$$Q = f(L、K、N、E)$$

在分析生产要素与产量的关系时，一般把土地作为固定的，企业家才能难以估算。因此，生产函数又可以写为：

$$Q = f(L、K)$$

这一函数式表明，在一定技术水平时，生产 Q 的产量，需要一定数量劳动与资本的组合。

20 世纪 30 年代初，美国经济学家 P·道格拉斯与 C·柯布根据美国 1899—1922 年的工业生产统计资料，得出了这一时期美国的生产函数为：

$$Q = ALaK1 - a$$

这就是经济学中著名的"柯布—道格拉斯生产函数"。在这个生产函数中，A 与 a 为常数，其中 1 > a > 0。

在这一生产函数中，当劳动量与资本量增加 λ 倍时，产量也增加 λ 倍，则为

$$A(λL)a · (λK)1 - a = λALaK1 - a = λQ$$

所以，柯布—道格拉斯生产函数为线性齐次生产函数。

二、边际收益递减规律

边际收益递减规律又称收益递减规律，它的基本内容是：在技术水

平不变的情况下，当把一种可变的生产要素投入到一种或几种不变的生产要素中时，最初这种生产要素的增加会使产量增加，但当它的增加超过一定限度时，增加的产量将要递减，最终还会使产量绝对减少.

在理解这一规律时，要注意这样几点：第一，这一规律发生作用的前提是技术水平不变。第二，这一规律所指的是生产中使用的生产要素分为可变的与不变的两类，即技术系数是可变的。第三，在其他生产要素不变时，一种生产要素增加所引起的产量或收益的变动可以分为三个阶段。第一阶段是产量递增，即这种可变生产要素的增加使产量或收益增加。第二阶段是边际产量递减，即这种可变生产要素的增加仍可使总产量增加，但增加的比率，即增加的每一单位生产要素的边际产量是递减的。第三阶段是产量绝对减少，即这种可变生产要素的增加使总产量减少。

我国俗话所说的"一个和尚担水吃，两个和尚抬水吃，三个和尚没水吃"，正是对边际收益递减规律的形象表述。

边际收益递减规律是我们研究一种生产要素合理投入的出发点。

三、总产量、平均产量和边际产量

为了用边际收益递减规律说明一种生产要素的合理投入，我们要进一步分析一种生产要素增加所引起的总产量、平均产量与边际产量变动的关系。

总产量指一定量的某种生产要素所生产出来的全部产量。

平均产量指平均每单位某种生产要素所生产出来的产量。

边际产量指某种生产要素增加一单位所增加的产量。

以 Q 代表某种生产要素的量，ΔQ 代表某种生产要素的增加量，以 TP 代表总产量，以 AP 代表平均产量，以 MP 代表边际产量（见图 4 -

1)，则这三种产量可以分别写为：

$$TP = AP \cdot Q$$

$$AP = TP/Q$$

$$MP = \Delta TP/\Delta Q$$

总产量、平均产量和边际产量之间的关系有这样几个特点：

第一，在资本量不变的情况下，随着劳动量的增加，最初总产量、平均产量和边际产量都是递增的，但各自增加到一定程度之后就分别递减。所以，总产量曲线，平均产量曲线和边际产量曲线都是先上升而后下降。这反映了边际收益递减规律。

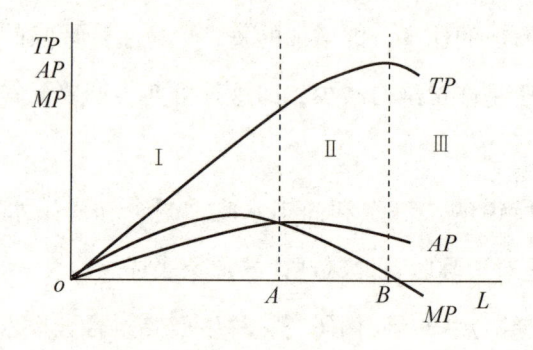

图 4-1

第二，边际产量曲线与平均产量曲线相交于平均产量曲线的最高点。在相交前，平均产量是递增的，边际产量大于平均产量（MP > AP）；在相交后，平均产量是递减的，边际产量小于平均产量（MP < AP）；在相交时，平均产量达到最大，边际产量等于平均产量（MP = AP）。

第三，当边际产量为零时，总产量达到最大，以后，当边际产量为负数时，总产量就会绝对减少。

五、一种生产要素的合理投入

总产量、平均产量、边际产量之间的关系反映了边际收益递减规律，我们就从这种关系来说明一种生产要素的合理投入问题。

在确定一种生产要素的合理投入时，我们根据总产量、平均产量与边际产量的关系，把图4-1分为三个区域：

Ⅰ区域是劳动量从零增加到A这一阶段，这时平均产量一直在增加，边际产量大于平均产量。这说明，在这一阶段，相对于不变的资本量而言，劳动量不足，所以劳动量的增加可以使资本得到充分利用，从而产量递增。由此来看，劳动量最少要增加到A点为止，否则资本无法得到充分利用。

Ⅱ区域是劳动量从A增加到B这一阶段，这时平均产量开始下降，边际产量递减，即增加劳动量仍可使边际产量增加，但增加的比率是递减的，由于边际产量仍然大于零，总产量仍在增加，在劳动量增加到B时，总产量可以达到最大。

Ⅲ区域是劳动量增加到B点以后，这时边际产量为负数，总产量绝对减少。由此看来，劳动量的增加超过B之后是不利的。

从以上的分析可以看出，劳动量的增加应在Ⅱ区域（A—B）为宜。但应在Ⅱ区域的哪一点上呢？这就还要考虑到其他因素。首先要考虑厂商的目标，如果厂商的目标是使平均产量达到最大，那么，劳动量增加到A点就可以了；如果厂商的目标是使总产量达到最大，那么，劳动量就可以增加到B点。其次，如果厂商以利润最大化为目标，那就要考虑成本、产品价格等因素。因为平均产量为最大时，并不一定是利润最大；总产量为最大时，利润也不一定最大。劳动量增加到哪一点所达到的产量能实现利润最大化，还必须结合成本与产品价格来分析。

第五节　自由职业者

情景引入：什么是O2O？

O2O 即 Online To Offline，是指将线下的商务机会与互联网结合，让互联网成为线下交易的前台，这个概念最早来源于美国。O2O 的概念非常广泛，只要产业链中既可涉及线上，又可涉及线下，就可通称为O2O。

早前，国内一家大型网站发布的《2014年O2O自由职业者分析报告》显示，税前月收入高于5000元的O2O自由职业者占到68%，9%的人超过1万元，而低于3000元的仅占14%。在几个热门的自由职业中，汽车评估师的平均月薪甚至达到了16623元，按摩师的月平均薪资达到12244元，还有足疗师达到9823元，美甲师达到8014元。不用朝九晚五打卡上班，不用看老板和客户的脸色，收入没准还能比过去高出一两倍，这样的职业谁不眼馋？

知识导航五　降低交易成本的措施

一、商人

假如你想把你手中的股票卖掉，你可以找朋友，向他们推销，也可以在报纸上做广告。但如果你使用中间人，即使在付了佣金之后，你依旧可能卖到一个更好的价格。

在自由市场的进程中，供求创造了价格，而价格作为一种信息，可以让人们评估不同商品和服务的稀缺程度，更好地协调人们的生产和消费计划。但是如果没有商人，生产者直接找消费者，消费者直接找生产者的信息成本是很高的，交易费用也很高。我们要喝牛奶，如果我们不知道哪里有生产牛奶的，我们就需要自己养牛，那成本要多高，或者我们要跑很远到奶牛场去买牛奶，交易很难达成，我们就会退回到自给自足的小农经济了。但现在我们没必要那么做，因为有批发商、零售商在背后安排了这一切，我们每天可以从家门口挑选我们喜欢的牛奶来买。

二、诚信的交易环境

西方的平等自由精神、私有财产不可侵犯的保护和契约精神，是对贸易活动的极大保护和促进。

市场经济的根本就是通过价值规律的作用，促进各种社会资源配置的优化，激发市场经济活动主体的竞争热情，提高劳动效率，最终为社会经济提供动力源的一种经济运行方式。从信用经济的角度看，现代市场经济须臾离不开信用。因为，作为现代市场经济最重要的软环境，信用制度从多方面影响并决定着硬环境的发展和演变。对于市场、企业和投资者来说，信用是财富，它可以在相当大的程度上决定市场参与者的发展能力和发展空间；信用是财源，它可以通过商品市场、货币市场和资本市场打通企业和个人的聚财、用财、生财的通道；信用是财力，它可以通过社会的信用网络来实现"用小钱支配大钱①""用明天的钱来支配今天的钱"的双重放大过程。一旦信用缺失，就意味着失去了走向市场化与国际化的通行证。而诚信，是信用体系的重要道德基础。在市场经济条件下，竞争作用的正常发挥，需要一种公平交易的秩序，使

---

① 中国注册会计师协会. 注册会计师、注册资产评估师行业发展研究 [M]. 北京：中国财政经济出版社，2003：38.

市场行为在平等的基础上进行。而平等的要求之一，就是市场交易双方必须恪守诚实信用原则。所以，市场经济是立足于诚信的法制经济，诚信是维系市场经济运行的内在需求，是市场经济的灵魂，是市场经济正常运行的基础。

市场经济愈发达就愈要求诚实守信，这是现代文明的重要基础和标志。有人形象地说，商海无涯"信"作舟。没有诚信，就没有秩序；没有诚信，就没有交换、没有市场；没有诚信，经济活动就难以健康发展，市场经济就无法存在。市场诚信缺失，从表象上讲，造成经济运行成本增加，市场风险加大，从深层次说，诚信缺失造成市场秩序的混乱，市场配置资源的效率和质量得不到保证，不利于国民经济健康有序地发展，不利于市场经济体制的确立和成熟。

三、城市化

十八大报告中八次提到了"城镇化"，李克强总理也多次强调，城镇化是我们最大的内需潜力所在。城镇一个最大的特点是具有聚集功能和规模效益。人口密集聚集在一起，再加上城市方便的交通条件，能够极大地降低交易成本，促进分工深化，提升劳动生产率。创业者往往发现在大城市创业更容易成功，因为很容易就能找到专业的合作伙伴。

四、技术发展

技术发展包括交通技术和通信技术。我国"一带一路"倡议的提出，正是基于高铁技术的发展降低了交通成本，使得我国与中亚、西亚国际的贸易往来成本降低。

而且现在随着信息技术的发展，交易成本变得更低。现在的电商对传统零售商造成了非常大的冲击，有些甚至是摧毁性的。正是它们通过技术变革极大降低了交易成本，让交易变得更顺畅。

第五章

婚恋中的经济学

情景引入：经济学家和失恋女孩的对话[①]

一个经济学家与一个年轻女孩在火车上相遇。

这个女孩和男朋友是大学同学。她大学毕业后，找到了理想工作。男朋友的工作不太好，女孩鼓励他考研，也供了他三年。没想到，如今，男朋友快毕业了，居然提出要和女孩分手。原来，他与一个刚大学毕业的女孩谈起了恋爱。对此，女孩感觉到很痛苦。

以下是女孩和经济学家之间的对话。

女孩：为什么男人总是那么花心？

经济学家：套用经济学的理论来说，那就是边际效用递减。就是说，一样东西，当你拥有得越多的时候，对你的作用就越小。比方说，你饿了，吃第一个包子特香，第二个很香，第三个还可以，第四个饱了，第五个吃不下，第六个看见都烦。也就是说，第六个包子的作用为零，甚至为负。从恋爱的角度看，你就是那第六个包子，而那个刚毕业的女孩却是第一个包子。

女孩：既然边际效用递减是公理，那么，为什么花心的女人比

[①] 徐昌生．经济学家对话伤心女孩［J］．视野，2006（8）．

较少？

经济学家：已婚男人花心，相对于已婚女人来说，其成本是比较低廉的，最多是花几个小钱，很少有妻子因为丈夫花心而坚决要离婚的。已婚女子红杏出墙的成本太大，尽管有边际效用递减的公理存在，但是，她们仍然会做出忠于婚姻的理性选择。

女孩很愤怒：可是他也太不讲道德了。毕业之前，他吃我的，用我的，现在快毕业了，却和我分手，是不是太市侩？他要是三年前提出分手，我不会像现在这么难过，现在我是人财两空。

经济学家：经济学一般并不研究道德问题，因为道德要求的是多为他人着想，而经济学理论的前提是假设人都是自利的。经济学假定人都是追求利益最大化的。大学时期与你谈恋爱，那时追求激情，就是恋爱利益的最大化；三年读研之中，你们之间已经没有激情了，此时他心中最大利益是获取文凭，以便日后能找个好工作，此时，如果和你一刀两断，经济来源就没有了。现在，他临近毕业了，对自己的前途充满信心，不像当初那样急切地等钱用，于是，追求年轻漂亮而充满激情的女友，便成了他恋爱利益的最大化。

女孩无可奈何地叹了口气：我当初只是想，如果他能读个研究生毕业，我们今后一家人的生活会更好些，没想到现在竹篮打水一场空。

经济学家：这说明你在决定供他读研之前，忘记了经济学的一条基本原则——收益越多，风险越大。你当时只看到了供他读研毕业后的收益，却没有看到他读研毕业后的风险。一般来说，收益越多的事情，就意味着风险也越大。

女孩急切地问道：那有什么办法可以控制风险呢？

经济学家：有啊，领取结婚证啊。结婚证就是婚姻当事人中弱者的护身符。如果你们领了结婚证，他现在要分手，成本就大得多。

女孩：我现在应该怎么办？他现在还在犹豫，而且他家人也在给他施加压力，可是我不想勉强他，万一他勉强和我结婚，婚后却对我不好，我岂不是更痛苦？

经济学家：从经济学的角度来看，你还是应该再去找找他。假如你给老板做完一份设计，报酬是10万，付酬方式有两种，一种是一次性付10万，另一种是分15年付你15万，你选哪一种？

女：我选第一种。因为未来的不确定因素太多。

经济学家：同理，你现在的痛苦，就比未来的痛苦更真切。

女孩顿悟。

第一节　爱情如美酒

甜蜜爱情如美酒。古往今来，盛赞爱情的诗句不计其数，一句"生命诚可贵，爱情价更高"更是道出了爱情在人生中的重要地位。古往今来，为酣饮爱情这杯美酒而抛弃一切的大有人在，爱情似乎有一种魔力，吸引人们为之疯狂。美丽的爱情故事总能引起人们无尽遐思，甜蜜的爱情总能让人迷醉向往。

从相识、相知到相恋，从热恋到婚姻，从如胶似漆到形同陌路，从爱情到亲情……这一切与爱情相关的词汇，似乎永远不能与经济学搭上关系，只是"上帝目光所及，皆可交易"，将甜如蜜的爱情纳入枯燥经济学的理性分析框架，将纯美的爱情与锱铢必较讨价还价的市侩行为相类比，该如何用"功利"的态度来看待爱情这个亲密的人类关系呢？

知识导航一　稀缺性与竞争

一、稀缺性

经济学是研究稀缺资源的最优配置问题，当爱情与稀缺和选择这两个关键词联系在一起时，爱情就成了经济学研究的对象。

稀缺性产生于人类欲望的无限性与资源的有限性这对矛盾。稀缺性强调的不是资源绝对数量的多少，而是相对于欲望无限性的有限性，人们的欲望总是超过实际的生产能力。稀缺性是人类社会永远存在的问题。任何人在任何社会、任何时候都无法摆脱稀缺性。对于乞丐来说，缺少的是满足温饱的物质条件，而一个极其富有的人可以获得任何他所需要的东西，那是否可以认为他就不存在稀缺问题了呢？回答是否定的。当时间和更多的政治权力等也被作为一种资源时，这位富有的人面对的情况或许就不同了。他必须决定每天将时间花在他认为最有价值的事物上面。稀缺是每一个人在生活中所必须面对的现实，经济学正是由于稀缺性的存在产生的。

稀缺性总是指经济物品的稀缺性，自由物品不存在稀缺性，有害物品也无须谈稀缺性。

人们面临权衡取舍时，有必要比较可供选择的行动方案的成本和收益。在爱情经济学中，多种影响因素交织在一起，互相影响。在这里，谈一谈金钱、事业两个维度对爱情的影响。

先来看看事业与爱情两者间的关系。青春期的少年情窦初开，但这一时期父母的管教却最严，因为父母知道，青春期孩子的恋爱（机会）成本非常高。放弃学业而去选择爱情，将会影响孩子一生的事业前途，理性的父母当然会干预儿女的恋爱行为。但是，上大学之后甚至工作之后，家长对儿女的恋爱行为干预就逐渐减少。因为他们知道，在进入大学阶段或者工作以后，爱情对未来事业的影响减弱，恋爱（机会）成本降低，即使恋爱不成功，累计点经验也好。请想一想，作为成熟男女，当面临事业与爱情冲突时，有几个会选择爱情？

爱情与金钱的关系如何？恐怕在很多感情至上的人看来，这是对爱情的"亵渎"。但是，2010年发表的《广州女大学生价值观调查红皮书》表明，有近60%的女大学生愿意嫁给富二代的理由是可以少奋斗许多年。不要嘲笑女孩子通过父母给的先天美貌和后天努力"待价而沽""钓金龟婿"是拜金主义。如果可以少奋斗十年，有哪个女生愿意选择出身穷苦的男孩子？其实不仅仅是女孩子，男孩子也一样，希望通过婚姻减少奋斗时间的也不在少数。

选择一个出身穷苦家的漂亮姑娘，就有可能失去一个相貌普通的富家女，选择一个高傲的情人就必须放弃一点自尊，选择花前月下就有可能失去升职机会……每一个人的爱情都与选择联系在一起，百分百完美的爱情就像百分百完美的恋人一样难寻。若想要享受甜蜜的爱情，就要承担爱情所带来的种种成本，如果能用经济学的思维理性思考爱情与经济学的关系，那么高贵的爱情与经济学就有了交集。

【相关案例】水价又调了？[①]

2014年4月29日，北京市公布居民阶梯水价调整方案，自5月1日起，非居民水价由现行平均价格每立方米6.15元统一调整到8.15

---

① 李颖. 京城水涨价科学安全饮水越来越重要［J］. 中国质量万里行, 2015（1）: 12—13.

元，并严格执行超定额累进加价，以促进产业结构优化调整。此外，成倍提高特殊行业用水价格，纯净水业和洗车业用水现行价格为每立方米61.68元、洗浴业用水价格为每立方米81.68元，将统一调整为每立方米160元。同时，将高尔夫球场和滑雪场用水纳入特殊行业水价管理，执行每立方米160元的用水价格。

北京年均水资源不足21亿立方米，却需要维持着36亿立方米的用水需求，每年的用水缺口达15亿立方米，相当于目前一个半密云水库的储水量，北京的年均水资源量平摊到每个人身上还不足100立方米。

按联合国标定，人均1700立方米/年为贫水国标准，中国人均水资源量只有2100立方米/年，只及世界人均值的28%。北京人均154.8立方米/年，不到联合国贫水线的1/10，全国的1/14，世界的1/44，属于极度缺水城市。这种水资源状况，甚至不如以干旱著称的中东、北非等地区。

【相关案例】婚恋市场

一般来讲，在恋爱中更为主动和大胆一些的通常是男性，女性则更为被动和羞涩一些，在爱情经济学中，我们将男人定义为恋爱市场中的需求方，女性则是供给方。

在商品市场中，消费者对一件商品的需求是否能够得到满足，要看消费者手中的货币是否充足，"价高者得"是商品市场中的游戏规则。在恋爱市场中，男人作为需求者对一个女人的需求能否实现主要取决于两个因素，一个是需求者也就是男性自身的综合素质，包括学历、相貌、性格、金钱等；另一个就是供给者也就是女性对男人类型的偏好。男性只要符合以上两个条件中的任何一个，便有可能获得女性的青睐，成为爱情经济学中的需求得到满足的一方。

2012年12月24日,国家人口和计划生育委员会与某大型婚恋交友运营平台联合发布《2012—2013年中国男女婚恋观调研报告》。研究表明,非婚人口数量庞大,男女性别比失衡严重,高达26.7男:24.9女。其中70后、80后、90后非婚人口性别比失衡严重。30~39岁男性中有1195.9万人处于非婚状态,而同年龄段女性中有582万人处于非婚状态,男性在同年龄段择偶面临613.9万的缺口。这种情况必然造成30岁以上的男性更倾向寻找低年龄的女性为伴侣,同时会使低年龄男性的择偶压力继续增大。[①]

在这种男女比例失调,适婚年龄比例失调的社会现状下,婚恋市场的供求关系必然受到影响。类似"鲜花插到牛粪上""老牛吃嫩草"等社会现象也就不足为怪了。

二、竞争

(一) 获得经济物品需要付出代价

物品可分为两大类:其一是经济物品(economic goods);其二是免费物品(free goods)。物品的定义是有胜于无,而在有胜于无之中,有一大部分是多胜于少的。"多胜于少"是经济物品的定义,这定义中的"胜",是很客观的。

"多胜于少"是经济物品的定义,也是"缺乏"(scarcity)的定义。就是说,凡是经济物品,都是缺乏的、不足够的。"不足够"从何而定?假若江上的清风与山间的明月,真的是像苏东坡所说的"取之无禁,用之不竭",那当然是足够了。这样,清风与明月只能是免费物

---

① 陈一. 最新中国婚恋报告之心理分析 [J]. 健康博览, 2013 (3): 32—34.

品——虽然在我们所知的真实世界中，清风难得，明月可贵，所以这些早已成为经济物品了。说得严格一点，所谓"不足够"，其供应量的多少不一定有固定的关系。例如，好的鸡蛋比坏的多，但好的不足而坏的却有余。这是因为好的鸡蛋，人们需求甚殷，故此不足；坏的呢，我们避之唯恐不及，没有需求，所以就不缺乏了。

若物品没有人需求，天下间便没有"有胜于无"这回事；而若非供应有限，"多胜于少"就谈不上。"缺乏"是因为在需求下，供应有限引起的。人的需求量增加，再多（但仍有限）的供应也会缺乏；人的需求量减少，有限的供应可能被认为是不缺乏的。

就是说，缺乏的程度，是以相对的需求来决定的。一种缺乏物品，也就是一种经济物品，其供应是不能完全满足人的需求的。于是，这物品就变为"多胜于少"了。既然多胜于少，人要争取多一点，那么他们就一定会愿意付出一点代价。不愿意付出任何代价来争取多一点的，就不能算是多胜于少了。因此，凡是人愿意付出或多或少的代价来争取多一点的物品，都是缺乏的、不足够的，那就是经济物品了。在市场上，我们要付的代价就是价格（price）。所以可以说，凡有价格的物品都是缺乏的，不足够的。

（二）竞争无处不在

在一些极端的社会中，市场不存在，没有价格。但代价（sacrifice）还是要付出的。所以我们又可以这样说：没有价格的物品也可能是经济物品，但是代价也就无可避免。在经济学家张五常的《经济解释》中解读了一个故事，在鲁宾逊的荒岛上，在那一人世界中，竞争是不存在的。当然，那荒岛上可能有其他的野兽与鲁宾逊竞争、抢食，但那不会有人与人之间的竞争。经济学上的"竞争"（competition）是指人与人之间的竞争——这是因为所有经济学的基础假设都是为人而设,要解释的行为大都是人与人之间的竞争行为。在鲁宾逊的一人世界中,有免费物品,也有经济物品。在争取较多的某种经济物品时,鲁宾逊是要付出代价的。想多吃一条鱼,他就得减少休息;为了多获一些木材取暖,减少苹果的种植就是代价;今年要多吃一点小麦,明年就得少吃一点。在荒岛上,鲁宾逊也要面对供不应求的现实,有经济物品的存在,就要付代价,所以像我们一样,他也要在选择中作取舍。唯一不同之处是,鲁宾逊的世界没有人与人之间的竞争。①

在那没有竞争的一人世界中,我们也可以用经济学来解释鲁宾逊的行为。试想,在鲁宾逊的一人世界中没有市场、没有价格、没有货币、通胀、失业,也没有法律、警察、政治,更谈不上军备、中间人、合约、制度等问题,没有这一切,经济学再深奥也不会深奥到哪里去。

是的,经济学的复杂,完全是因为在鲁宾逊的世界中增加了一个人。有两个或更多人的世界,就变成社会——这是"社会"最明确的定义。经济学的趣味也是因为"社会"的存在而引起的。我们也可以这样看:经济学的复杂,99%以上是因为我们不是生存在一个鲁宾逊式的世界,而是生存在一个多人的社会。

在社会中,一个人对某种物品多要一点,其他的人也同样对这物品多要一点。僧多粥少,竞争于是就无可避免。当一种经济物品有多于一人的需求时,竞争就存在了。在我们所知的社会中,这样的物品所在皆是。在现实世界中,免费物品,如新鲜空气还是存在的,虽然越来越少了。

在社会中,差不多每一种经济物品都是有竞争的。我们每个人从早

---

① 张五常. 经济解释 [M]. 北京:中国计量出版社,2004:24.

到晚都在竞争,从小到大地竞争惯了,可能意识不到竞争的无所不在。我们在早上吃的早餐,是从竞争中赢得的。一个人多吃一点早餐,另一个人就必定要少吃一点。在竞争中此"得"彼"失"。早餐如是,午餐如是,睡觉也如是,坐公共汽车,进学校,到沙滩上晒太阳,在家看电视等,也如是。

可以说,在现实社会中,我们不容易找到没有竞争的行为。"没有竞争"这句话,从比较严格的经济学来看,是难以成立的。因此经济学课本中在论述垄断时,说完全垄断是没有竞争的一种状态,其实不是绝对的,垄断及专利,只不过是压制了某一种竞争,但增加了另一种竞争。例如,人们会在竞争中夺取垄断或专利权,也会在被垄断了(或有专利权)的市场内,以相近或可替代的产品竞争图利。

在一个没有市场的社会中,竞争也是层出不穷的,只不过竞争的形式有所不同罢了。弱肉强食是竞争,权力斗争是竞争,论资排辈、等级特权等,也是竞争形式。道理很明确:凡是超过一个人需求同一经济物品,竞争就必定存在。

(三)竞争规则

由缺乏而引起的竞争,跟任何运动游戏一样,是要有游戏规则的。这是因为,没有规则就不能决定胜负。没有优胜者,竞争就没有目的了。田径赛有规则,网球赛有规则。假若什么规则也没有,胜负就无法决定了。即使在弱肉强食的竞争中,胜者生,负者死,也是规则。张五常在《经济解释》一文中,举了一个通俗的例子:在田径赛中,速度的快慢决定谁胜谁负。速度是田径赛中决定谁是优胜者的准则。但假若这赛事没有游戏规则,没有指明什么行为是犯规,那么速度这个准则就不容易成立了。同样,没有游戏规则,举重比赛的力度准则不容易成立。象棋赛以智力高者胜；桌球赛以眼力精、技术高、手力控制自如者胜——而这些准则，都是有关的游戏规则促成的。

经济上的竞赛也是如此。在自由市场上，价高者得，市价于是就成为确定胜负的准则。是私有产权的制度，促成这市价的游戏规则。

游戏规则与确定胜负的准则有直接的连带关系：前者决定后者，而后者决定社会的经济运作。有趣的问题是，究竟是因为人们需要有某一个准则才促成这准则的游戏规则出现，还是人们需要有某些游戏规则，才使确定胜负的准则无可避免地产生呢？骤然看来，这是一个难分先后的问题。

我们认为是准则在先，而游戏规则在后。为什么呢？因为定胜负的准则所决定的是人类以竞争来解决的问题，而游戏规则只不过是协助准则的成立而已。速度的快慢是田径赛的重心所在，这项赛事的规则仅是协助判断"快者胜，慢者败"的。学校的考试成绩准则，其目的是要鉴定学生们有没有在学业上下功夫，而考试的规则只不过是为保证公平地让知识较高者胜（当然，这不一定能达成意图中的效果）。市价决定生产力高者胜，而私产制度是协助市价的采用。

决定胜负的准则会影响社会的经济运作。一方面，社会成员的财富或收入的分配，显然是以竞争的准则来决定的。这准则有多种，而在不同的准则下，每个人的优胜机会就会不同。一些人善于经营生意，或善于生产，私有产权的竞争准则对他们大有帮助。也有一些人不懂得怎样应付千变万化的市场运作，但善于墨守成规地工作，以年资作准则，对他们就大有好处了。

另一方面，因为竞争准则对人的收入、享受有决定性的作用，所以在不同的准则下，人的行为就不同。以"价高者得"为例吧，一个人要在市场中得益,就要努力生产,或发明新的产品,或创造有效率的经营方法,或找寻可以节省费用的讯息等。但若物品没有市价,以配给的方法分配,那么竞争者就会选择"走后门"之路。

可以用分配居住房子的实例来说明"准则决定社会经济行为"这个格言。我们都知道,房产自由市场是以"价高者得"的办法来决定胜负的。付得起而又愿意付出够高的屋价或租金的人,就可将自己喜爱的房子买下或租下来,作为己用。而在有些单位内,职工的房子是以计分的办法来分配的。作为领导的有六分,结了婚的六分,一个孩子六分,两个是十二分,工作了一年两分,工作了八年就有十六分了。这些加起来的总分数,是决定争取房子分配先后及面积大小的准则。不管一位员工的成绩如何出众,若分数不够高,在房子竞争上就非败不可。

从以上的市场分配房子与单位分配房子的两个例子中,我们可以很明显地看到,因为决定胜负的准则不同,胜者与负者就会是不同类的人。一个有独特生意眼光的人,在单位没有特别的好处;而一个有较多孩子的,在市场上就没有什么优先权利了。想深一层,我们也会知道,在不同的准则下,人的行为就会不同,所以生产的效率也就不同了。分配房子的准则会鼓励员工多生孩子,鼓励早婚,也鼓励较长久地服务于单位的意向。以"价高者得"的准则来分配,则会鼓励人们生产赚钱、节省费用而储蓄等行为。

在婚恋市场上,人们往往调侃说"现在优秀的男人都结婚了,优秀的女人都没有结婚",好的总是稀缺的,我们一定要有竞争意识,才能胜出。另外,还要懂得竞争准则,了解对方择偶的需求。

第五章 婚恋中的经济学

【相关案例】整容热

据深圳市人民医院整形美容科主任刘立刚介绍,放暑假后,前来整容的学生数量之多让医院始料不及。该院三个门诊部每天都至少有几百个学生前来整形美容,占了门诊量的一半以上。深圳市第二人民医院整形科主任朱志祥称,每年暑期都会掀起学生"整容热",门诊量要比平时增加30%以上。①

中国青年报发表王石川的观点:

无论成年人还是未成年人,他们都有权利追求美,让自己漂亮一些,自己觉得舒服,路人也赏心悦目,有何不可?但是,未成年人整形美容似乎不是如此简单,它的背后是社会思绪的具象演绎,乃至于可窥见复杂而真实的大众征候。采访人员调查发现,目前集中在整形医院的学生主要分为两类,一类是大四或是即将大四的学生,为了能在求职时拥有高颜值优势而走进整形医院。另一类则是十七八岁的高中毕业生,为了选择理想的专业,应对艺考,或是单纯为了改变外观而前往医院进行整形。由此来看,他们整形美容似乎是被动的,在一个看脸的时代,要在求职中占得先机,整容可加分,至于报考艺术院校更是需要拼颜值。这终归不正常。如果华而不实,脸蛋能光鲜多久?小鲜肉也有变老的时候,没有内涵的鲜花只会枯萎。

竞争是我们这个以稀缺资源为主的世界的常态。我们怎样才能在竞争中获得优势呢?一般是谁愿意付出的代价大,谁就能获得竞争优势。比如竞拍,谁愿意出的价格高,谁就能得到商品。价格即愿意付出的代价。再比如抢图书馆的位子,谁起得早,就能抢到好的位子,早起所花

---

① 出自新浪网2005年8月18日。

费的时间就是付出的代价。所以我们说"爱拼才会赢"。

但是现实往往更复杂,并不是我们想象的那么单纯。成功的企业,不是只要质量好就能成功。

在各领域不同竞争准则的竞争中,竞争优势会表现在多方面:天赋、修养、勤劳、人脉等。漂亮的容颜往往给自己带来一定的竞争优势,所以我们就不难理解为什么这么多人选择整容了。

第二节　失恋也是经济学

电影《失恋33天》讲述的是27岁的婚礼策划师黄小仙惨遭男友劈腿,在朋友王小贱的帮助下,经过痛苦的33天,黄小仙终于走出低谷的故事。

如果我们了解这个爱情故事里面包含的经济学原理,或许有助于更加理性地认识婚恋市场中的"失恋"现象。

知识导航二　沉没成本

一、沉没成本的概念

沉没成本是指由于过去的决策已经发生了的,而不能由现在或将来的任何决策改变的成本。这些已经发生不可收回的成本,如时间、金钱、精力等就是"沉没成本"。沉没成本是一种历史成本,对现有决策而言是不可控成本,不会影响当前行为或未来决策;沉没成本是一种决策非相关成本,在投资决策时应排除沉没成本的干扰。相对的,新增成本（机会成本）却是决策相关成本，在项目决策时必须考虑。人们在决定是否去做一件事情的时候，不仅是看这件事对自己有没有好处，而且也看过去是不是已经在这件事情上有过投入。

举例来说，如果你预订了一张电影票，却因为下了大雨，路很难走，但你已经付了票款且假设不能退票。此时你付的价钱已经不能收回，就算你不看电影钱也收不回来，电影票的价钱就算作你的沉没成本。自己掏钱买的，就会冒雨去，如果是送的票，就宁愿待在家里了。但实际上两种情况的决定应该是一样的，如果你买了票还要冒雨去看，花费的成本就更大，因为已经发生的历史成本做出不理性的决定，就会损失很大。

二、人们喜欢考虑沉没成本的原因

（一）损失憎恶（Loss aversion）是人类的一大动机

在你确定了一个损失之后，它就会在你的头脑中萦绕不去，在你再次想到它的时候，你会发现它比之前更加沉重。然而在决定未来时抱住过去不放，你必将面临沉没成本谬误危险。心理学家丹尼尔·卡尼曼（Daniel Kahneman）和埃姆斯·特维尔斯基（Amos Tversky, 1937—1996）在20世纪70年代所做的研究表明，"损失"和"收益"对人造成的心理影响是不同的，在这一点上，损失"完胜"。他们曾设计了一个赌博实验，并注意到，人们在进行赌博之前，倾向于要求至少是其风险双倍的担保。因此得出结论，和收益的喜悦相比，损失对人的刺激还要更多一倍。

现在，让我们做这样一个小实验。假设一场浩劫从天而降——一场瘟疫突然而至，瞬息之间吞噬了整个人类社会。地球70亿人口急剧减少为600，而这剩下的600人也将毫无希望地步入死亡。这时候，你——最后的幸存者之一——遇到了一名科学家。他相信自己已找到解救人类之法，但是方法有二，而他无从定夺。现在，他将决定权交到了你的手里。

假定他的科学预测都是非常精准的。A方法能够救200人的命，B方法有1/3的几率能够救全部600人，但是有2/3的几率一个人都救不了。你会如何抉择？

请记下你的答案，然后让我们重新考虑一下这个情形。故事的背景还是一样：每个人都将毫无希望地步入死亡。但是这一次略有不同，你要在解救方法C和D中做出选择：C方法会导致400人的死亡，而D方法有1/3的几率不会杀死任何人，但有2/3的几率会杀死全部600人。你会如何抉择？

特维尔斯基和卡尼曼曾经向一群博士们提出这两种情形。面对第一种情形，大多数人选择了A方法。而面对第二种情形，大多数人选择了D方法。但实际上，这两种情形的本质是完全一样的，只是描述方式不同而已。

当人们陷入对失去的恐惧时，他们的逻辑和理性崩塌了。这两个情景的不同用词，让它们看似截然不同：第一个情景似乎是告诉你，在第一个人死去之前，你可以救200人的命——总体损失因此被淡化了；而第二个情景似乎是告诉你，在救人之前，你会先看到400人死去。在此情景下，损失被强调，对损失太多人的生命的恐惧让你选择铤而走险。可见你是多么痛恨失去。

（二）宜家效应

美国行为经济学家丹·艾瑞里（Dan Ariely）研究发现，投入越多的劳动（情感），就越容易高估物品的价值。比如，人们购买了宜家家具后,回到家里需要花很多力气把它组装起来,看到自己亲手组装的家具,心理价值就会超过同等品质的其他家具。这种因为个人付出而对物品本身的价值产生的估计偏差,艾瑞里将其称为"宜家效应"。①

黄小仙之所以舍不得劈腿男友,并不是男友有多大价值,而是因为自己花费了七年的时间,投入了太多的时间和感情,其实就是"宜家效应"在作怪。剧中有个经典桥段:黄小仙一度想挽回自己的感情,她拼命地追着前男友的车,想着"我要追上那辆车,我知道我做错了什么,你可不可以再等我片刻,为了惩罚我,我甚至愿意一路滚到你的脚边。"不料,被王小贱同学狠扇了一个巴掌。

在现实生活里也是一样。你在眼睁睁看着钱财离你而去时,感受到的痛苦是你得到同等价值的东西时感受到的快乐的两倍。这也是为什么市场营销最主要策略就是试图说服你,某个你想要东西绝对物超所值——这样,你因为得到它而感受到的快乐就会抵消掉你付钱时的痛苦。如果这一推销策略成功实施,你就会觉得你实际上什么都不会损失,不仅如此,你还会觉得自己捡了大便宜。若你要花自己的血汗钱,通常都会尽最大可能避免损失——除非你就是为了烧钱。

如果你知道自己将永远失去某样事物,你会倍感痛苦。为消减这种消极情绪,你会做出些荒谬的事。你是否有过这样的经历:你去影院看电影,在头15分钟内你意识到这是你看过的最烂的片子,但是你无论如何还是挨到了结束。你坐在座位上,努力忍受,只是因为你不想浪费电影票钱。又或者你曾经买了一场音乐会的门票(不能退票的那种),但到了那天你忽然病了,或者累了,或者宿醉不醒,又或者有更想做的事情……但是你仍然去参加那场音乐会了,即使你一点都不想去——只

---

① 肖琳. 宜家用户体验与供应链管理先驱[J]. 中国新时代,2017(12):48—53.

是为了证明你花出去的钱有所价值。又或者,你曾经买了一份墨西哥卷饼,在吃了第一口后你觉得它简直是加了萨尔萨辣酱(salsa,一种墨西哥菜肴中常用的烹调和佐餐酱料)的狗食,但是你还是坚持吃完了它,只因为你不想浪费钱和食物。如果你有上述任何一种经历,那么恭喜你,你已经成为了一名沉没成本谬误受害者。①

婚姻不幸福的人未必选择离婚,可能会忍受下去,原因就是青春韶华已经投入,孩子也有了,离婚成本很大,他们无法接受这个成本沉没的现实。失恋是一种沉没成本。男生失恋时喝喝酒抽抽烟,女生失恋时泪流满面等行为是人之常情,姑且将恋爱时花费的时间、痛苦的感受以及花费在看电影、买小礼品上的费用抛之脑后,让这些沉没成本成为云烟。切勿寻死觅活,要知道"天涯何处无芳草",为无法改变的事实而付出生命的代价,成本太高,太不值。

三、不要为打翻的牛奶哭泣

在纽约市的一所中学任教的保罗博士曾给他的学生上过一堂难忘的课。这个班级的多数学生常常为过去的成绩感到不安。他们总是在交完试卷后充满忧虑,担心自己不能及格,以至于影响了下一阶段的学习。一天,保罗博士在实验室讲课,他先把一瓶牛奶放在桌子上,沉默不语。学生们不明白这瓶牛奶和所学课程有什么关系,只是静静地坐着,望着保罗博士。保罗博士忽然站了起来,一巴掌把那瓶牛奶打翻在水槽之中,同时大声喊了一句:"不要为打翻的牛奶哭泣!"然后他叫所有的学生围拢到水槽前仔细看那破碎的瓶子和流淌着的牛奶。博士一字一

---

① Toxic Clown. 沉没成本谬误(一):你是如何被"套牢"的?(二):吃饱撑着也要把东西吃完 [EB/OL]. https://blog.csdn.net/qq_41101213/article/details/90773250, 2019-06-04.

句地说:"你们仔细看一看,我希望你们永远记住这个道理。牛奶已经流光了,不论你怎样后悔和抱怨,都没有办法取回一滴。你们要是事先想一想,加以预防,那瓶牛奶还可以保住,可是现在晚了,我们现在所能做到的,就是把它忘记,然后注意下一件事。"

保罗的"表演",使学生学到了课本上从未有过的知识,许多年后,这些学生仍对这一课留有极为深刻的印象。

理性的人在决策时其实是不应该考虑沉没成本的。如果考虑沉没成本,那就是以过去的错误惩罚现在的自己。[1]

【相关案例】MD90 项目的决策[2]

中国航空工业第一集团公司在 2000 年 8 月决定今后民用飞机不再发展干线飞机,而转向发展支线飞机。这一决策立时引起广泛争议和反弹。

该公司与美国麦道公司于 1992 年签订合同合作生产 MD90 干线飞机。1997 年项目全面展开,1999 年双方合作制造的首架飞机成功试飞,2000 年第二架飞机再次成功试飞,并且两架飞机很快取得美国联邦航空局颁发的单机适航证。这显示中国在干线飞机制造和总装技术方面已达到 90 年代的国际水平,并具备了小批量生产能力。

就在此时,MD90 项目下马了。在各种支持或反对的声浪中,讨论的角度不外乎两大方面:一是基于中国航空工业的战略发展,二是基于项目的经济因素考虑。本文不想就前一角度展开讨论,在这方面航空专

---

[1] 红日. 一生的活法:如何使您活得更加辉煌灿烂 [M]. 北京:中国戏剧出版社, 2004:45.
[2] 王莉芳. 管理经济学——市场经济中企业决策的基本规律 [M]. 西安:西北工业大学出版社, 2004, 121.

家最有发言权。单从经济角度看,干线项目上马、下马之争可以说为讲述"沉没成本"提供了最好的案例。

许多人反对干线飞机项目下马的一个重要理由就是,该项目已经投入数十亿元巨资,上万人倾力奉献,耗时六载,在终尝胜果之际下马造成的损失实在太大了。这种痛苦的心情可以理解,但丝毫不构成该项目应该上马的理由,因为不管该项目已经投入了多少人力、物力、财力,对于上、下马的决策而言,其实都是无法挽回的沉没成本。

虽然发展干线飞机项目已经耗费了大量人力物力,但是当有更好的决策时,我们应该选择后者。因为之前的成本发生了就无法挽回了。在进行新的决策时我们不要考虑沉没成本,但是机会成本却是不能被忽略的。

在本案例中,中国干线飞机项目,终止的机会成本是什么呢?显然应当是继续进行该项目未来可能获得的净收益(扣除新增投资后)。如果不能产生正的净收益,下马就是最好的出路。即使有了正的净收益,也还必须看其投资回报率(净收益/新增投资)是否高于企业的平均回报。倘若低于平均回报,也应当忍痛下马。

事实上,干线项目下马完全是"前景堪忧"使然。从销路看,原打算生产 150 架飞机,到 1992 年首次签约时定为 40 架,后又于 1994 年降至 20 架,并约定由中方认购。但民航只同意购买 5 架,其余 15 架没有了着落。可想而知,在没有市场的情况下,继续进行该项目会有怎样的未来收益。

<<< 第五章 婚恋中的经济学

【相关案例】食品加工厂①

某大学在两个城市的交界处买了一块地皮,这里比较荒凉但便宜。大学领导的起初用意是投资 30 万元办一座生产豆奶的校办食品加工厂。结果一生产就亏损,很不景气。如果就此打住,这 30 万元对于大学来说也不算什么。但是学校领导很不甘心,不愿让这笔钱就此打了水漂,于是又投资 70 万从德国引进全套的进口设备,希望扩大生产规模,提高产品质量以赢得效益。结果还是一个字:赔。此时如果放弃这家工厂,将其折价处理,应该说损失还可以承受。但是领导的思维却是这样的:已经投入了 100 万,如果放弃损失太大,不如继续在这块地皮上投入,以期扭亏为盈,于是又做出投入 300 万,在这里建立实习基地的决策……在这种思路的支配下,最后,这块地皮干脆建成了该大学的西校区,一共投资两个亿。随着时间的推移,西校区而今已经成了笑谈。它孤独地矗立在荒郊野外,其他大学的新校区则全部搬进了大学城。

沉没成本不仅仅影响我们普通人的生活,它甚至能挑起战争或者放任失败政策阻碍社会发展。考虑沉没成本让你在吃饱以后还要撑着把东西吃完,它让你的房子里充斥着你永远不会需要的无用之物,每一场"旧货出售"都是某个人付出的沉没成本的葬礼。

考虑沉没成本有时也被称为"沉没成本谬误(sunk cost fallacy)"或"协和效应",其中"协和"指的是那第一个商业化的超音速客机——协和式飞机。协和式客机项目从一开始就是失败的,但所有参与该项目的人(主要指英国和法国政府)还是坚持为其注入资金。他们的共同投资给他们自己戴上了沉重的枷锁,让他们无法跳出来去进行更

---

① 张立娟,王彩霞. 每天学点经济学 [M]. 北京:金城出版社,2009:123.

好的投资。在损失掉大量金钱、人力和时间之后，投资者们不想就这么轻易放弃。

这种坚持、执着，这种对延续的期望，并非什么坏事，而是人类后天形成的一种高贵、独特的品质。研究显示，低等动物和稚龄儿童都不会犯沉没成本谬误。黄蜂、蠕虫、老鼠、浣熊……它们才不在乎它们投资了多少或者损失了多少。它们只能看到直接损失和直接收益。但是作为一个成熟的人，你有了反思和遗憾的天赋。你可以预料到你终将会意识到你的努力是徒劳的，你的损失是永久的，而一旦你接受了这事实就会很受伤……能够预料到，就不算太坏，就有转机。

第三节　做好结婚准备了么

你做好结婚准备了么？

想到这样一个问题，我跑到网上找答案。在这样一个信息爆炸的网络时代，各大小网站的答案是五花八门，有文章、有心理分享、有爱情测试，还有在论坛里吐槽的。其中有一篇文章作者很热心，将结婚数天前的物质准备分享得详尽细致，还有一个作者将结婚前的心理准备叮嘱得很到位……但是，终究没有我想要的答案。

我想找的是，在婚恋市场中，结婚前需要准备的经济学思维有哪些。

知识导航三　成本收益

结婚乃人生大事。婚姻是夫妻双方的一种盟约，而盟约的缔结，除了双方拥有新的权利，需要履行新的义务外，不可避免地存在附加的成本与收益的问题。美国著名的法律经济学家波斯纳（Richard Allen Posner）认为"家庭是一个最大的经济生产单位（抚养子女，提供食品等）。就像市场一样，婚姻如果不是为了互利，就创造不出效率。"

首先，婚姻是有道德价值的。婚姻负载了许多亲情和义务，因此是一份道德合约。

其次，结婚有经济成本。为了结婚购房、酒席、养家、教育等都需要经济支出。

最后，结婚的成本还有事业上的、情感上的。人们常戏言："每个成功男人的背后都有一个女人，每个失败男人的背后都有几个女人。"可见婚姻可以助推事业，同样也可以拖垮事业。

有成本便有收益，婚恋市场亦不例外。

从历史上看，收益概念最早出现在经济学中。厂商的收益，是指厂商出售商品得到的收入，即销售收入。

有经济学家认为，人们结婚的目的是从婚姻中得到最大化收益，即力图以最小成本换取最大收益。经济学认为，潜在的夫妻会将他们结婚能得到的效用和两个人选择单身的效用进行比较。如果结婚后获得的效用——基于对家庭产出的分享，超过了单身时的效用，婚姻市场的参加者就会选择结婚，而结婚夫妻的总效用和他们单身时效用总和的差别就是婚姻收益。

"结婚的收益来自投资于非市场活动的时间和获取市场物品的力量方面，男人和女人之间的互补。"在美国著名经济学家加里·S. 贝克尔（Gary·S·Becker）的婚姻经济理论（《家庭论》）中，由于男女身体条件的不同，男人在干体力活上具有优势，女性则在细致劳动上具有优势，男性在外赚钱，女性在家从事家务劳动和养育孩子可以实现家庭收入的最大化。这种分工格局也正是中国传统家庭的主流形式，在现在西方发达国家也常见，这种基于比较优势的分工能有效地提升家庭生产的效率和双方在经济上的收益。同时，双方针对比较优势而进行的分工合作会因为长时间从事相似工作而取得"干中学"的效果，如一个人炒菜的水平会随着她（他）炒菜次数的增加而提高。当然，现代社会和传统农业社会不同，男女之间在家庭内的分工与农业社会也存在差别，并不必然采取"男主外""女主内"的方式，有可能采取"女主外""男主内"的形式，但无论采取哪种形式，都要较每个人既主内又主外的效率要高。

因此，男女间的分工其实是男女之间协调人力资本投资，实现专业化分工以最大化家庭收入的行为。但这种分工是以婚姻契约作为基础保护主内方（一般是女性）的合法权益为前提。通过婚姻契约保护，夫妻双方就能协调人力资本投资，以实现双方收入的最大化。同样的道理，当夫妻中的一方为取得更大的进步需要放弃一定的眼前利益或需要对方做出一定的牺牲时，如果没有婚姻契约作为基础保护另一方的利益，协调成本也许就会高到计划无法实现的地步。因此，家庭关系类似于一个长期稳定的契约关系，家庭成员在此契约中，可以进行相对稳定的合作，并分享合作的长远收益。

"婚姻是一男一女为了共同的利益而自愿终身结合，互为伴侣，彼此提供性的满足和经济上的帮助以及生男育女的契约。"[①] 结婚的收益包括物质的和非物质的，美满的婚姻给人带来的效用除了相当于年赚

---

① [美] 加里·S·贝克尔（Gay·S·Becker）.婚姻经济理论《家庭论》[M].王献生，王宇译.北京：商务印书馆，2005.

10万美元外，还能助人长寿。以中国广西壮族自治区马县长寿老人为例，50位90岁以上的老人，夫妻共同生活20年以上者占68%；50年以上者占41%；60年以上者占26%，这些数据表明，和谐稳定的夫妻生活是长寿的重要因素之一。

【小资料】分担家务为幸福加分[①]

一项新的研究显示，夫妻一同做家务，婚姻美满的程度要比公平分担各自做家务高。此外，丈夫如果能够照顾孩子与经营亲子关系，对于维持婚姻的质量，更有加分的效果。

同时，夫妻共同分担家务，可以使家居环境更加整洁，据调查，至少89%的人认为改善家居环境可以提高家庭幸福指数，84%的人看到家里脏乱心情会变差，53%的人会因为家里脏乱而跟配偶吵架，40.5%的人认为家里脏乱会成为导致夫妻离婚的原因之一。

心理学家认为，家居环境对家庭幸福没有本质上的影响，但可以折射出一个家庭的关系状况。家居环境可能成为一种诱发因素，使婚姻中潜在的不和谐因素爆发。

【小资料】怕老婆有经济学道理

民间流传这样一种说法："上等男人怕老婆，中等男人爱老婆，下等男人打老婆"。而人类学家的研究发现，怕老婆的男人其实更容易成功。因为这类人家庭稳定，男人免去了后院起火之虞，专心于自己的事业，往往事业有成。男人性格中的懒惰、粗心，更容易被老婆改造成勤奋、细心；而抽烟、酗酒的习惯也得以控制，有利于身体健康；流连于

---

① 家居环境对幸福指数的影响 [EB/OL]. 幼儿教育网, 2018-04-17.

风月场所的爱好,也因惮于"河东狮吼"而甚少出现,维持了作风正派的名声。怕老婆的男人享受着从一而终的婚姻,过着夫妻偕老的幸福生活。

知识导航四　帕累托改进

帕累托改进是经济学的一个概念,它是指在某种经济境况下如果可以通过适当的制度安排或交换,至少能提高一部分人的福利或满足程度而不会降低所有其他人的福利或满足程度,即一种制度的改变中没有输家而至少能有一部分人赢。帕累托改进是基于人们的既得利益而言,而不是人们试图取得的东西,因为后者是没有止境的。另外,如果一种改进剥夺一部分人的既得利益,不管是否能带来更大的整体利益或者有助于实现怎样崇高的目标,都不是帕累托改善。

帕累托最优是资源分配的一种状态,指在不使任何人境况变坏的情况下,而不可能再使某些人的处境变好。帕累托改进是指一种变化,在没有使任何人境况变坏的前提下,使得至少一个人变得更好。一方面,帕累托最优是指没有进行帕累托改进的余地的状态;另一方面,帕累托改进是达到帕累托最优的路径和方法。帕累托最优是公平与效率的"理想王国"。

例如,张三有一个苹果,该苹果对她来说价值1元。李四想要这个苹果,这个苹果对他来说价值2元。对张三来说,在1元以上的任何价格出卖都是有利的,而对李四来说在2元以下的任何价格买到该苹果也是有利的。假如张三出价1.8元,李四接受了,他们交易的总收益就是1元,张三得0.8元,李四得0.2元,张三和李四从交易中都获得了好处。相对于没有交易来讲，张三和李四的交易是帕累托改善。但是如果引进第三者王五，该苹果对他来讲值 1.7 元，他愿意以 1.7 元以下的价格买该苹果并从中获利。结果因为交易在张三和李四之间成交，王五受损。所以帕累托改善只是对于张三和李四组成的世界成立，而对于张三、李四和王五组成的世界则不成立。按照潜无穷观不管你构造出一个多么大的封闭世界，在该世界里，从一种状态到另一种状态是帕累托改善，我们总能够找到封闭世界外的个体在这种状态的改变中受损，所以对于包含该个体的世界来讲，这种状态所谓改变就不是帕累托最优。

简言之，帕累托改进是利己不损人，帕累托最优是利己利人。

在婚恋市场中，"门当户对"的婚姻，应该是对帕累托最优的良好体现。"门当户对"的婚姻是从资源上实现了最佳的婚配模式，比如说男女婚配要讲究家庭经济、社会地位相适应，一般男方是士族，那么女方最少也要是大家闺秀。

婚姻中，一年称之为"纸婚"，四年称之为"丝婚"，一般婚姻会面临四个婚姻危险期，第一个危险期是孩子出生时，第二个危险期是婚后四至五年，第三个危险期是婚后七年左右，第四个危险期是婚后二十年左右，进入围城的朋友，都会或轻或重地出现过婚姻危机。当出现婚姻危机时，有的人会积极地去化解，有的人会消极地逃避。如果是积极地去化解，那么不但可以化解婚姻的危机，还能加强夫妻之间的感情。从经济学上讲，这便是帕累托改进，最终实现帕累托最优。

【相关案例】交换的快乐

假如原来甲有一个苹果，乙有一个梨，他们是否就是帕累托最优呢？这取决于甲乙二人对苹果和梨的喜欢程度，如果甲喜欢苹果大于梨；乙喜欢梨大于苹果,那么这样就已经达到了最满意的结果,也就已经是"帕累托最优"了。如果是甲喜欢梨大于苹果;乙喜欢苹果大于梨,甲乙之间可以进行交换,交换后的甲乙的效用都有所增加,这就是帕累托改进。

【相关案例】等量的椰子

假如 A 和 B 同落到一个荒岛上,岛上只有 100 个椰子这一种食物,并且 A、B 的地盘上各有 50 个椰子的先天条件。这个时候,如果 A 想提高自己的效用,只能从 B 那里再拿来 1 个椰子,但这样一来 B 的效用就会降低,反之同理。A、B 都不可能在不降低对方效用的情况下提高自己的效用,所以先天的情况就已经是帕累托最优。

第四节 为什么要领结婚证

结婚不是因为喜欢、相爱才在一起的吗?干嘛又要这些个条条框框、证证本本的东西呢?

知识导航五 垄断与市场结构

【相关案例】雀巢收购惠氏奶粉[①]

2012年4月23日,在经历了多次报价、竞购之后,"并购狂人"

---

① 周照. 惠氏入雀巢门庭洋奶粉格局将如何变化?[J]. 乳品与人类,2012(6):34—37.

雀巢（Nestle）上演绎生命中最辉煌的一刻：以118.5亿美元收购辉瑞（PfizerInc.）营养品业务（主要是婴幼儿奶粉品牌惠氏，Wyeth）！国际食品巨头雀巢集团宣布，作为提升公司在全球婴儿营养业务领域的一项战略举措，该公司同意以118.5亿美元收购辉瑞营养品业务，即包括惠氏奶粉在内的营养品板块。这是迄今，在与达能、卡夫、亨氏等国际食品巨头竞购中，出价最高者，而市场对辉瑞营养品业务估值约100亿美元。业界评价称，若此宗收购案谈成，将成为今年迄今最大规模的交易之一。雀巢和惠氏若成一家，将改写中国奶粉行业格局，雀巢将一跃成为中国最大的奶粉企业。

我们看到利用资金品牌技术优势，跨国公司在各个国家逐渐呈现垄断态势。

结婚证的设计是为了保护弱者的，尽管人们鼓励感情自由，但是人们会从道德上谴责第三者。

一、市场结构

市场结构（Market structure）有狭义和广义之分，狭义指买方构成市场，卖方构成行业。广义是指一个行业内部买方和卖方的数量及其规模分布、产品差别的程度和新企业进入该行业的难易程度的综合状态，也可以说是某一市场中各种要素之间的内在联系及其特征，包括市场供给者之间（包括替代品）、需求者之间、供给和需求者之间以及市场上现有的供给者、需求者与正在进入该市场的供给者、需求者之间的关系。

划分一个行业属于什么类型的市场结构，主要依据有以下三个方面。

第一，本行业内部的生产者数目或企业数目。如果本行业就一家企业，那就可以划分为完全垄断市场；如果只有少数几家大企业，那就属于寡头垄断市场；如果企业数目很多，则可以划入完全竞争市场或垄断竞争市场。一个行业内企业数目越多，其竞争程度就越激烈；反之，一个行业内企业数目越少，其垄断程度就越高。

第二，本行业内各企业生产者的产品差别程度。这是区分垄断竞争市场和完全竞争市场的主要方式。

第三，进入障碍的大小。所谓进入障碍，是指一个新的企业要进入某一行业所遇到的阻力，也可以说是资源流动的难易程度。一个行业的进入障碍越小，其竞争程度越高；反之，一个行业的进入障碍越大，其垄断程度就越高。

根据这三个方面因素的不同特点，可以将市场划分为完全竞争市场、垄断竞争市场、寡头垄断市场和完全垄断市场四种市场类型。

四种市场结构中，完全竞争市场竞争最为充分，完全垄断市场不存在竞争（不是绝对的），垄断竞争和寡头垄断具有竞争但竞争又不充分。

（一）完全竞争市场

完全竞争市场又称纯粹竞争市场，是指竞争充分而不受任何阻碍和干扰的一种市场结构。较为接近的市场就是一些农产品市场。

完全竞争市场至少应同时具备以下四个条件。

1. 市场上有大量的买者和卖者。"大量"之意是指多到多一个不多，少一个不少这种境况。

从厂商之间的相互影响来说的，"多一个不多"是指多一个厂商进入市场，对市场中别的厂商毫无影响；"少一个不少"也是此意，即一个厂商离开此市场,也未带给给留在市场中的企业减少市场竞争,扩大市场销售的好处。也是企业的进出入市场对市场产品供给量的影响进而对其他厂商产品销售价格、销售数量和销售收益的影响。"毫无影响"当然是指在这些方面毫无影响。

上述叙述的一个比方不过是说,完全竞争市场像一个大海,多一滴水或少一滴水并不影响大海(市场)的性质,也不影响海中的每一滴水。

2. 市场上所有厂商提供的产品都是同质的。由于产品都一样,所以,没有一个厂商能对其产品按高一点的价格来卖,因为价高消费者就不会买;同时,任何一个厂商也没有必要让其产品价格低于别的厂商来卖,因为任何一个厂商产品产量相对于整个市场而言都是微不足道的,不愁卖不掉,出于利润最大化目的,厂商没有必要降价。所以,完全竞争市场的产品价格不受单个厂商的影响。

3. 生产要素具有完全的流动性。

4. 具有完全信息。完全信息指生产者和消费者对过去、现在和未来的成本和价格信息都完全掌握,厂商不会因不了解这些信息而把自己的产品卖得便宜,消费者也不会因不了解信息而以高价购买。

(二) 垄断竞争市场

垄断竞争市场是一种既有垄断又接近于完全竞争的市场结构。垄断竞争市场是一种有众多厂商,每个厂商生产有差别但可替代的相似产品,厂商较易进入或退出的市场结构。

形成垄断竞争市场应具备以下四个条件。

1. 市场上有大量的厂商,每个厂商占有的市场份额较小。在这一市场结构里,厂商的生产规模相对较小,生产者所提供的产品相似,每个厂商对市场的控制力十分有限，对市场的影响几乎可以忽略不计。

2. 存在产品差别。所谓产品差别，是指同一种产品在质量、功能、包装、色泽、环境、商标、广告、服务等方面存在差别，由于垄断竞争厂商提供的产品具有差异性，使得每个厂商独有忠诚的顾客，也就是说，价格一定程度的提高并不会使厂商失去顾客，价格一定程度的降低也不会使其他厂商的顾客全部被吸引过来。因此，与完全竞争厂商不同，垄断竞争厂商具有一定的垄断力。一般来说，产品差别越大，垄断势力越强。但另一方面，由于这里所谓的产品差别是指同一种产品之间的差别，所以垄断竞争厂商生产的产品具有很强的可替代性。

3. 厂商的行为是相互独立的。由于市场上存在着大量的垄断竞争厂商，所以单个厂商的行为对其他厂商几乎没有任何影响。当单个厂商采取某种行动如调价、改变广告或销售服务时，其他厂商不会做出任何反应。

4. 厂商进入和退出较为容易。由于垄断竞争市场的厂商数量较多，每个厂商的规模较小，所需资本的数量不多，技术含量也相对不高，所以新厂商进入相对比较容易；当其他行业获利较高或本行业利润下降时，退出也比较容易。

（三）完全垄断市场

完全垄断又叫独占，它是指一种产品的生产和销售完全由一家厂商控制的市场结构。

完全垄断市场具备以下几个特征。

1. 独家经营。一家厂商控制了整个行业的生产和销售，这就意味着一家厂商就是一个行业，厂商和行业合二为一，厂商的需求曲线就是行业的需求曲线。

2. 产品不能替代。产品的替代性是竞争的前提，产品越容易替代则竞争性越强，而不能替代的产品就会形成垄断。

3. 价格制定者。垄断厂商可以进行排他性生产和销售，意味着他控制了整个行业的产品供给，这样，垄断厂商就可以通过调整产量来影响价格，也就是说，垄断厂商是市场价格的制定者。

4. 要素不能自由流动。由于垄断有较高的壁垒，一旦形成后，或因为掌握了关键性的资源，或因为获取了法律的保护，或因为现行优势等使得其他厂商很难进入。

（四）寡头垄断市场

寡头垄断市场又称寡头市场，是指少数几家厂商控制该行业大部分产品产量及销售量的一种市场结构。

寡头垄断市场具有以下特征。

1. 寡头垄断市场上的厂商数量较少。整个行业的厂商数量可能是两个，也可能是几个，厂商的垄断实力较强。

2. 寡头垄断厂商生产的产品可能是同质的，如水泥、钢铁、石油等，也可能是有差别的，如汽油、电脑等。

3. 寡头垄断市场存在明显的进入障碍。

4. 寡头垄断市场最大的特点就是厂商的相互依赖和相互影响。

二、垄断

（一）垄断的好处

如果你有自己的一台个人电脑，也许这台电脑用了微软公司所出售的操作系统，某种视窗（Windows）软件。当微软公司在许多年前第一次设计视窗软件时，它申请并得到了政策给予保护的版权。版权给予微软公司排他性地生产和销售视窗操作系统的权利。因此，如果一个人要想购买视窗软件,他除了给微软对这种产品收取的将近 100 美元之外别无选择,可以说微软在视窗软件市场上有垄断地位。

在竞争市场上有许多企业提供基本相同的产品,因此,每一个企业对它的价格没有什么影响。与此相比,像微软这样的垄断者没有接近的竞争者(现在看来随着苹果、谷歌的兴起,微软的垄断地位在下降),因此,可以影响它的产品的市场价格。竞争企业是价格接受者,而垄断企业是价格制定者。

垄断者对其产品收取高价格并不奇怪。垄断者的顾客看起来除了支付垄断者收取的价格之外别无选择。但是,如果这样的话,为什么一个视窗软件不定价为 1000 美元,或 2000 美元呢?当然,原因是如果微软确定了高价格,人们买的产品就少了。人们会少买这个软件,转向用其他的操作程序,或者非法盗印。垄断者不能达到他们所想要的任何利润水平,因为高价格减少了顾客的购买量。虽然垄断者可以控制他们产品的价格,但他们的利润并不是无限的。①

(二)为什么会产生垄断

如果一个企业是其产品唯一的卖者,而且如果其产品并没有相近的替代品,这个企业就会形成垄断。垄断的基本原因是进入障碍,垄断者能在其市场上保持唯一卖者的地位,是因为其他企业不能进入市场并与之竞争。进入障碍又有三个来源:关键资源由一家企业拥有;政府给予一个企业排他性地生产某种产品的权利;生产成本使一个生产者比大量生产者更有效率;我们简单地讨论这里的每一种情况。

1. 垄断资源。垄断产生的最简单方法是一个企业拥有一种关键的资源。例如,西部一个小镇上水的市场。如果小镇上几十个居民都拥有

---

① 张云钢. 经济学基础 [M]. 昆明:云南大学出版社,2010:58.

能用的井,每加仑水的价格被降到等于多抽取一加仑水的边际成本。但是,如果镇上只有一口井,而且从其他地方不可能得到水,那么,井的所有者就垄断了水。毫不奇怪,垄断者比竞争市场上任何一家企业有大得多的市场势力。对于像水这样的必需品,即使边际成本低,垄断者也可以规定极高的价格。

虽然关键资源的排他性所有权是垄断的潜在原因,但实际上垄断很少产生于这种原因。现实经济市场如此巨大,而且,资源由许多人拥有。实际上,由于许多物品可以在国际上交易,它们的自然市场范围往往很广泛。因此,企业拥有没有相近替代品资源的例子很少。

【相关案例】 德比尔的钻石垄断[1]

产生于一种关键资源所有权垄断的典型例子是南非的钻石公司德比尔。德比尔控制了世界钻石生产的80%左右。虽然这家企业的市场份额并不是100%,但它也大到足以对世界钻石价格产生重大影响的程度。

德比尔拥有多大的市场势力呢?答案部分取决于有没有这种产品的相近替代品。如果人们认为翡翠、红宝石和蓝宝石都是钻石的良好替代品,那么,德比尔的市场势力就较小了。在这种情况下,德比尔任何一种想提高钻石价格的努力都会使人们转向其他宝石。但是,如果人们认为其他石头都与钻石非常不同,那么,德比尔就可以在相当大程度上影响自己产品的价格。

德比尔支付了大量广告费。乍一看,这种决策似乎有点奇怪。如果垄断者是一种产品的唯一卖者,为什么它还需要广告呢?德比尔广告的

---

[1] 福利经济学 第四章 第一节. 淘豆网.

一个目的是在消费者心目中把钻石与其他宝石区分开来。当德比尔的口号告诉你"钻石永恒"时，你马上会想到翡翠、红宝石和蓝宝石并不是这样。如果广告是成功的，消费者就将认为钻石是独特的，不是许多宝石中的一种，这种感觉会使德比尔有更大的市场势力。

（三）政府创造的垄断

在许多情况下，垄断的产生是因为政府给予一个人或一个企业排他性地出售某种物品或劳务的权利。有时垄断产生于想成为垄断者的人的政治影响。例如，国王曾经赋予他们的朋友或盟友排他性的经营许可证。在另一些时候，政府也会由于这样做符合公共利益而赋予垄断。

专利和版权法是政府为公共利益创造垄断的一个例子。当一个制药公司发明了一种新药时，它就可以向政府申请专利。如果政府认为这种药的确是原创性的，它就批准专利，该专利给予该公司在17年中排他性地生产并销售这种药的权利。同样，当一个小说家写完一本书时，她可以有这本书的版权。版权是一种政府的保证，它保证没有一个人在没有得到作者同意之前就能印刷并出售这本著作。版权使这个小说家成为她的小说销售的一个垄断者。

专利与版权法的影响是容易说明的。由于这些法律使一个生产者成为垄断者，就是价格高于竞争时的情况。但是，通过允许这些垄断生产者收取较高价格并赚取较多利润，这些法律也鼓励了一些合理的行为。允许制药公司成为它们发明的药物的垄断者是为了鼓励这些公司的研究；允许作者成为销售他们著作的垄断者是为了鼓励他们写出更多更好的书。因此，决定专利和版权的法律既有收益也有成本。专利和版权法的收益增加了对创造性活动的激励。在某种程度上这些收益被垄断定价的成本所抵消,在本章中我们要充分讨论这一问题。

(四)自然垄断

当一个企业能以低于两个或更多企业的成本为整个市场供给一种物品或劳务时,这个行业是自然垄断。当相关产量范围存在规模经济时,自然垄断就产生了。在这种情况下,一个企业可以以最低的成本生产任何数量的产品。这就是说,在任何一种既定的产量下,企业数量越多,每个企业的产量越少,平均总成本越高。

自然垄断的一个例子是供水。为了向镇上居民供水,企业必须铺设遍及全镇的水管网。如果两家或更多企业在提供这种服务中竞争,每个企业都必须支付铺设水管网的固定成本。因此,如果一家企业为整个市场服务,水的平均总成本就是最低了。

【相关案例】夫人的哭诉

一个小本生意的老板,生意做得红火,他本人在生意场上口碑也不错,以对客户态度和蔼而为大家所称道。突然有一天,他的老婆找到公司,向大家哭诉这位老板"出轨"丑闻,并展示自己遍体鳞伤的身体,边哭诉边扬言要控告这位老板施暴。看着平日里和蔼可亲、待同事如亲人的老板,大家对老板夫人的哭诉将信将疑。

我们是否该相信这位夫人的哭诉呢?

其实在日常生活中,"男人不止一面"现象已经非常普遍。

为什么呢?从经济学角度如何看待?

在婚姻里,"男人不止一面"常常被很多女性挂在嘴边,男人在外人面前温文尔雅,却是家庭暴力的实施者。这种现象是否普遍存在?如何用爱情经济学理论进行分析？

在传统社会，"男主外，女主内"，女性在家庭内劳作，男性在外面工作。女性缺乏在社会上独立生存的能力，在经济等方面对男性具有很强的依赖性，即使男性对女性的态度十分恶劣，女性也无法脱离男性独立生存。因此就男性而言，即使对女性脾气不好，乃至实施家庭暴力，女性也无力离开男性。这就意味着男性对女性发火的成本很低，即控制情绪收益很低。男性在社会上如果对其他人控制不了情绪，对于有工作的男性而言，则可能使得其丧失升值空间，乃至失业。考虑到控制情绪的成本和收益问题，在家人面前做"爷"而在社会上做"孙子"也就成为不少男性的理性选择，甚至一些男性会将其在社会上所受到的委屈压力转移到家人身上。

这一点用经济学专业术语表示就是，男性在家庭中和社会上面临的市场结构不同，在家庭生活中其面临的市场近乎垄断市场，而在社会上其面临的市场则近乎完全竞争市场。在垄断竞争市场中，其所提供的服务品质（包括脾气）稍差，并不会导致客户（家人）的流失；而在完全竞争市场中，其所提供的服务品质（包括脾气）稍差，就会导致客户大规模流失。在品质投资需要付出成本（控制情绪的成本）的情况下，在两个市场上提供不同品质的商品和服务（脾气）也就成为作为商品和服务提供者男性的理性选择。

现代社会，随着女性在外工作机会的增加，经济独立性的增强，女性离开脾气不好男性的成本减少。我们可以预期到的是女性的多面性也会增加，而男性的多面性则会随之减少。

第五章 婚恋中的经济学

谈"出轨"

艾德瑞克·泰格·伍兹（Eldrick Tiger Woods）1975年生，美国著名高尔夫球手，在2009年前高尔夫世界排名首位，并被公认为史上最成功的高尔夫球手之一。他的绰号"Tiger"的中文意思是"虎"，所以中文经常被称为"老虎"。

"我找到了一个终生的伴侣，一个挚友。"美国高尔夫球星"老虎"伍兹2006年曾在著名电视节目《六十分钟时事杂志》中这样说起他的妻子艾琳，不过这个美满婚姻正走向崩溃边缘。34岁的伍兹到底有多少情妇？仅一周的光景，就有10个"小三"浮出水面，几乎都是白人，其中有7人已确定身份。令人意外的是，这7人当中有3位年逾30。

2009年12月，继全球知名咨询公司埃森哲日前宣布对伍兹终止赞助后，身陷桃色绯闻的世界高尔夫球第一高手"老虎"，在新年来临之际又失去了美国电话电报公司（AT&T）这一大赞助商。

此前伍兹共有十几家个人赞助商，自风流韵事曝光后，埃森哲成为首家终止赞助伍兹的公司，另两大赞助商吉列和一家瑞士手表商也宣布停止使用由伍兹代言的广告，AT&T是第二家终止赞助伍兹的公司。

"出轨"一词，对于现代社会的男男女女，已不再新鲜。那么，在婚恋市场中，从"出轨"行为中能折射出哪些经济学思维？

知识导航六　边际效用递减

边际效用递减，是指在一定时间内，在其他商品的消费数量保持不变的条件下，当一个人连续消费某种物品时，随着所消费的该物品的数量增加，其总效用虽然相应增加，但物品的边际效用（即每消费一个单位的该物品，其所带来的效用的增加量）有递减的趋势。

在婚恋市场，婚后出轨现象折射出边际效用递减规律。也就是说，当某一样东西你拥有越多时，对你的效用就越小。从现代婚姻角度看，由于夫妻长时间亲密接触，妻子的效用自然比不上"外面的女人"，正所谓"家花没有野花香"。查尔斯王子在家中有绝世佳人戴安娜王妃，他却和一个在其他人看来简直无法与戴安娜王妃相媲美的女人偷情。尽管看上去不合常理，但是从经济学边际效用递减规律来看，戴安娜王妃带给查尔斯王子的效用在逐日递减，而"偷情女"能带给他新的效用。

为什么在婚姻中，男性出轨比例要高于女性？1999年针对中国人的大型性调查发现，"男性已婚者中有过婚外性行为的人达到21.2%～22.5%。可是在女性已婚者中却少大约16个百分点。从发生的可能性来看，男性是女性的4.7倍"（《当代中国人的性行为和性关系》）

男人和女人的"黄金时段"有区别。女人的黄金时段是青春时期，她们集美貌、身材、生育等优势于一身，而到中年的女人，她们这些优势开始快速衰退，成为"黄脸婆"。男人的黄金时段则是中年，事业有成，风度翩翩，他们集事业、财富、经验等诸多优势于一身，在社会上面对一个处于黄金时段的女人时，按照经济学的收益最大化原理，他们何去何从？婚约虽然能够保护夫妻双方的部分利益，但是对于"出轨"的男性，他们会理性地避开解除婚姻这道坎，选择婚外恋。

【相关案例】 春晚的危机[①]

大约从20世纪的80年代初期开始，我国老百姓在过春节的年夜饭中增添了一套吸引人的内容，那就是春节联欢晚会。记得1982年第一届春节联欢晚会的播出，在当时娱乐事业尚不发达的我国引起了极大的轰动。晚会的节目成为全国老百姓在街头巷尾和茶余饭后津津乐道的题材。晚会年复一年地办下来了，投入的人力物力越来越大，技术效果越来越先进，场面设计越来越宏大，节目种类也越来越丰富。但不知从哪一年起，人们对春节联欢晚会的评价却越来越差了，原先在街头巷尾和茶余饭后的赞美之词变成了一片骂声，春节联欢晚会成了一道众口难调的大菜，晚会也陷入了"年年办，年年骂；年年骂，年年办"的怪圈。

春晚本不该代人受过，问题其实与边际效用递减规律有关。在其他条件不变的前提下，当一个人在消费某种物品时，随着消费量的增加，他（她）从中得到的效用是越来越少的，这种现象普遍存在，就被视为一种规律。边际效用递减规律虽然是一种主观感受，但在其背后也有生理学的基础：反复接受某种刺激，反应神经就会越来越迟钝。第一届春节联欢晚会让我们欢呼雀跃，但举办次数多了，由于刺激反应弱化，尽管节目本身的质量在整体提升，但人们对晚会节目的感觉却越来越差了。

边际效用递减规律时时在支配着我们的生活，尽管有时我们没有明确地意识到。在大多数情况下，边际效用递减规律决定了第一次最重要。难怪人们最难忘的是自己的初恋，最难忘恋爱中第一次约会的地点。

[①] 胡玲玲. 从边际效用递减规律看央视春晚"怪圈"现象 [J]. 商，2015（25）：127.

【相关案例】 吃三个面包的感觉①

美国总统罗斯福连任三届后，曾有记者问他有何感想，总统一言不发，只是拿出一块三明治面包让记者吃，这位记者不明白总统的用意，又不便问，只好吃了。接着总统拿出第二块，记者还是勉强吃了。紧接着总统拿出第三块，记者为了不撑破肚皮，赶紧婉言谢绝。这时罗斯福总统微微一笑："现在你知道我连任三届总统的滋味了吧？"这个故事揭示了经济学中的一个重要的原理：边际效用递减规律。

【相关案例】 甘地扔鞋②

一次，印度的"圣雄"甘地乘坐火车出行，当他刚刚踏上车门时，火车正好启动，他的一只鞋子不慎掉到了车门外。就在这时，甘地麻利地脱下了另一只鞋子，朝第一只鞋子掉下的方向扔去。有人奇怪地问他为什么，甘地说："如果一个穷人正好从铁路旁经过，他就可以拾到一双鞋，这或许对他是个收获。"

【相关案例】 温森的好消息③

阿根廷著名高尔夫球运动员罗伯特·德·温森在面对失去时，表现得更加令人钦佩。一次，温森赢得了一场球赛，拿到奖金的支票后，正准备驱车回俱乐部，就在这时，一位年轻女士走到他面前，悲痛地向温森表示，她自己的孩子不幸得了重病，因为无钱医治正面临死亡。温森

---

① 赵红梅.经济学基础：宏微观经济的理性选择 [M].北京：对外经济贸易大学出版社，2011：56.
② 钱明义.世界上最有趣的经济学故事 [M].北京：中国戏剧出版社，2011：56.
③ 孟朗弛.经济价值随心而动 [J].大科技·百科新说，2012 (11)：18—19.

二话没说,在支票上签上自己的名字,将它送给了年轻女士,并祝福她的孩子早日康复。

一周后,温森的朋友告诉温森,那个向他要钱的女子是个骗子,不要说她没有病重的孩子,甚至都没结婚呢!温森听后惊奇地说:"你敢肯定根本没有一个孩子病得快要死了这回事?"朋友做了肯定的回答。温森长长出了一口气,微笑着说:"这真是我一个星期以来听到的最好的消息。"

第六章

人际关系中的经济学

第一节　岳母家吃饭 VS 饭店吃饭

情境引入：有这样的女婿吗？

你在岳母家参加中秋节家庭宴会，看看她为你们摆出的那丰盛的一大桌子吧！鸡、鸭、鱼、饺子，水果，一应俱全，孩子们吃得兴高采烈。你妻子也非常高兴，正在上餐后的甜点。节日庆祝一直持续到深夜。你松了松腰带，啜了一小口葡萄酒，深情地注视着坐在对面的岳母。你站起身来，掏出了皮夹。"妈，对于您在这一切中所倾注的爱，我应该付您多少钱？"你诚心诚意地问。屋子里顿时鸦雀无声，你晃了晃手中的一沓钞票，"您觉得500元够吗？不对，等一等！我应该付您1000元！"接下来的场景会是怎样的？一杯葡萄酒被打翻了，你岳母满脸通红站了起来，小姨子对你怒目相向，外甥女哭了起来。明年的中秋节，十有八九，你就自己守着电视机吃冷冻午餐吧。

这是怎么回事呢？为什么你提出直接付款让聚会的人们如此扫兴？

再请设想，你在饭店吃完饭拍拍屁股走人，会怎样呢？为什么这两个情景完全不一样？

知识导航一　社会规范

一、社会规范与市场规范

我们所有的行动可以分为两类：交易活动——市场规范和非交易活动——社会规范。

我们同时生活在两个不同的世界里。其中一个世界由社会规范主导，另一个则由市场规范来制定法则。社会规范包括人们之间互相的友好请求。你能帮我搬一下沙发吗？你能帮我换一下轮胎吗？社会规范包藏在我们的社会本性和共同需要里。它一般是友好的、界限不明的，不要求即时的报偿。你可以帮邻居搬沙发，但这不是说他必须马上过来帮你搬，就好像帮人开一下门——它为你们双方都带来愉悦，并不要求立即的、对等的回报。社会规范体现了道德及情感的交流。

另一个世界——与此截然不同，为市场规范所统治。这里不存在友情，而且界限十分清楚。这里的交换是黑白分明的：工资、价格、租金、利息，以及成本和赢利。这种关系未必是邪恶与卑俗的——事实上，它同时也包括了自立、创新，以及个人主义——但是它们的确意味着利益比较和及时偿付。如果你处在由市场规范统治的世界里，你一定会按劳取酬的。以金钱为中介效率高，即使互不认识的人也能进行经济活动。

【相关案例】 内华达州黑岩沙漠的"火人节"[①]

美国内华达州黑岩沙漠（Black Rock Desert）是一个令人神往的地方，这里有色彩亮丽的间歇泉、干涸的古湖湖床以及极富动感的山脉。基于大自然的这些鬼斧神工之作，黑岩沙漠成为"火人节"（Burning Man）的举办地。"火人节"是一个年度节日，素以脱离现实的特质著称于世。"火人节"（Burning Man Festival）是由一个叫"Black Rock City, LLC"组织发起的反传统狂欢节，在每年9月的第一个星期一举行为期8天的狂欢庆祝。它以异想天开与荒诞著称，每年都有大批标榜自由的年轻人聚集于此，以激进的方式"表现自己"。

"火人节"每年都在寸草不生的黑岩沙漠举行，因为这里有41.6度的高温，变化无常的天气，是对体能与智力的考验。每个来这里的人都必须自备各种生活必需品。在这里唯一提供的设施是厕所，唯一售卖的物品只有冰和咖啡。但这里也是他们实现梦想的伊甸园。在这里可以充分发挥想象创建自己的栖居之所，向世界各地的朋友展示创意。奇装异服、行为古怪在这里都是可以接受的。晚上是燃烧激情的狂欢派对。

"火人节"的高潮是众人在空地上围成一个大圈，在圈中间燃烧一个12米高的木制男人雕像，而这也是火人节名字的来历。当火人节结束时，每个人都必须把自己带来的东西清理干净，这里又恢复成荒无人烟的沙漠，在这8天里发生的一切也只存在于回忆里。

加州大学圣迭哥分校教授尤里格尼齐和明尼苏达大学教授奥尔多吕斯提切尼，对从社会规范转到市场规范案例的长期影响做了巧妙的测试。几年前他们在以色列的一家日托中心进行实验，研究运用罚款措施

[①] 盘点地球15大奇特地貌 [J]. 科学大观园, 2009 (23): 34—37.

是否能有效减少某些家长接孩子迟到的现象。

尤里和奥尔多的结论是，罚款的效果并不好，事实上它还会带来长期的负面效应。为什么呢？实施罚款之前，老师和家长之间是社会的关系，老师是用社会规范来约束迟到的。因此，如果家长迟到了——有时会这样——他们会对此感到内疚，这种内疚迫使他们以后准时来接孩子。（在以色列，内疚似乎对约束人们更有效。）

但是一旦实施了罚款，日托中心就无可挽回地用市场规范取代了社会规范。既然家长们为他们的迟到付了钱，他们就用市场规范来诠释这件事了。换言之，既然有了罚款制度，他们就可以自己决定早来还是晚来了。不用说，这绝非日托中心的初衷。

不过好戏还在后头呢。最有意思的是几个星期以后，日托中心取消了罚款。这就是说日托中心方面回到了社会规范。那么家长们也会回到社会规范吗？他们的内疚之心也会回来吗？根本没有！自从取消了罚款，家长们依然故我，他们继续在接孩子的时候迟到。实际上，取消罚款后，迟到家长的数量反而有所增加。归根结底，社会规范和市场规范都取消掉了。

这一实验揭示了一个不幸的事实：一旦社会规范与市场规范发生碰撞，社会规范就会退出。换言之，社会规范很难重建。一旦社会规范被市场规范代替，它就很难发挥任何效力。

结论是什么呢？鱼与熊掌不可兼得。如果你是企业老板，我的忠告是你要牢记：鱼与熊掌不能兼得。你不能一会儿拿员工当作一家人，过一阵子又公事公办，要求严苛或者咒骂，甚至更糟；再过一会儿，当你觉得需要团结或者有利可图时，又把他当成找茬儿的"刺儿头"或者竞争对手。社会性的关系不是这样的。如果你需要社会性的关系，你可以去寻求，但是记住了，你无论何时何地都必须维护它。

对待顾客也不能这样。如果你认为你必须不时地严格照章办事，对附加服务额外收费，对不排队的消费者加以管理，那么你可能根本没有必要浪费金钱来打造你们公司可亲的形象。在这种情况下，坚守一条简单的价值原则：明示能提供什么，期望什么回报。既然你们没有建立社会规范，说到底，只是在商言商。

二、社会规范有时更有效

市场规范黑白分明，高效地解决了陌生人之间合作的问题，扩大了社会协作范围，极大地推动了世界经济的发展。但是在有些情况下，我们会发现社会规范的效率会更高，而且更人性化。

现在公司方面还试图和他们的雇员建立社会规范，过去可不是这样的。几年前，美国的劳动力市场更大程度上是一种工业化的、市场驱动的交换领域。那时候的雇员经常有朝九晚五时钟式的心态，你上40个小时的班，星期五领工资支票。既然工人计时发工资，他们就会确切地知道什么时候是在给上面干活，什么时候不是。工厂下班的铃声（或者办公室的类似装置）一响，买卖完成。这很清楚是市场交换，对双方都可行。

如今公司方面看到了营造社会性交换氛围的优势。说到底，在如今的市场中，我们可以制造无形的东西。创新远比机器重要，工作与休闲的界限也已经模糊起来。企业的管理者想让我们在开车回家的路上，在淋浴间里也想着工作，于是给我们配了笔记本电脑、移动电话来消除工作场合和家庭的界限。很多公司趋向把计时工资改为月工资，这进一步模糊了朝九晚五的工作日概念。在这种每周7天每天24小时的背景下，社会规范有更大的优势：可以让雇员们工作有热情，勤奋，并且关心公司。在市场规范下雇员对雇主的忠诚度常常会减弱，而社会规范是激励员工，保持忠诚的最好办法。

我们懂得人们不会为钱去死。警官、消防队员、战士——他们不是为了每周的工资去牺牲的，社会规范、职业的光荣和责任感，才是激励他们为岗位献出生命和健康的原因。

第二节 关系的重要性

情景引入："人情社会"

人际关系是人与人之间在活动过程中直接的心理上的关系或心理上的距离。人际关系反映了个人或群体寻求满足其社会需要的心理状态，因此，人际关系的变化与发展取决于双方社会需要满足的程度。人在社会中不是孤立的，人的存在是各种关系发生作用的结果，人正是通过和别人发生作用而发展自己，实现自己的价值。

很多人认为中国是个"人情社会"，古往今天便是如此。在中国，逢年过节时人们纷纷相互走动、问候，中国人认为"关系"非常重要，为此不惜代价来建立、维护。这在中国是非常普遍的现象，如何理解？

知识导航二 契约

200多年前现代经济学之父——亚当·斯密在《道德情操论》里，提出了这样一个问题：为什么有的民族发达，有的民族落后？他解释说：自私自利是人的普遍本性，但是人还有另一个本性，就是获得社会的认可和尊重。这是独立于个人功利欲望的。意思是说,人在追求物质利益的同时要受道德观念约束,不能去伤害别人,而是要帮助别人。斯密认为,这种道德情操永远种植在人的心灵里,人既要"利己",也要"利他",唯有此,人类才能永恒。

一、利己——"我"的范围

我们发现小孩在 8 个月左右的时候会形成"我"的概念,在之前,你拿他的东西都是没问题的,他也不怕陌生人。但一旦建立起"我"的概念后,你会发现,他会护着他的玩具,不再让陌生人抱。这是因为他已经建立起"我"的概念了,他与这个世界划了一个界限,这是我的玩具,那是你的玩具,这是我们父母。他做事情时就会以"我"的利益为出发点了,呈现出利己的本性。但随着年龄的增长和教育水平的提高,"我"的概念范围会不断扩大,我的亲戚、我的朋友、我的同学、我的班级、我的学校、我的同事、我的单位……

对于被划到"我"的范围的,关系近的人,人们会产生强烈的同情心:你快乐所以我快乐,你忧伤所以我忧伤……父母可以为孩子做一切,给孩子最好吃的,让孩子上好的学校等,同样,妻子可以为丈夫做出牺牲。

同样的事情发生在与我们关系不同的人身上时,我们的同情心的程度是不一样的。比如,看到车祸撞死人,尽管我们也会感到悲伤,但是其悲痛程度远远不如他的亲人。

二、利他——"同情"是人的天性

斯密提到,"同情"是人的天性。他说,在人的天性中总是有一些根深蒂固的东西。无论一个人在我们眼中是如何自私,他总是会对别人的命运感兴趣,会去关心别人的幸福。虽然他什么也得不到,只是为别人感到高兴。当我们亲眼目睹或是设身处地地想象到他人的不幸时，我们的心中就会产生同情或怜悯。我们常常为别人的痛苦而痛苦，这是无须证明的事实。像人性中所有与生俱来的感情一样，这种情感绝不是专属于良善君子，尽管他们可能对此最为敏感。即使一个罪大恶极的无赖，他无视一切社会规范，也不会完全丧失同情心。

人，不管被认为是多么的自私，在他人性中显然还有一些原理，促使他关心他人的命运，使他人的幸福成为他的幸福必备的条件，尽管除了看到他人幸福他自己也觉得快乐之外，他从他人的幸福中得不到任何其他好处。这其中的原理是怜悯或同情，是当我们看到他人的不幸，或当我们深刻怀想他人的不幸时，我们所感觉到的那种情绪。我们时常因为看到他人悲伤而自己也觉得悲伤，这是一个显而易见的事实，根本不需要举出任何实例予以证明。因为这种同情的感觉，就像人性中所有其他原始的感情那样，绝非仅限于仁慈的人才感觉得到，虽然他们的这种感觉也许比其他任何人都更为敏锐强烈。即使是最残忍的恶棍，最麻木不仁的匪徒，也不至于完全没有这种感觉。①

这就是我们对他人的不幸怀有同情的根源。正是借由设想和受难者易地而处，我们才会对他的感受有所感知，他的感受也才会影响我们。当我们看到一根棒子正对着另一个人的腿或手臂就要打下去的时候，我们会自然而然缩回我们自己的腿或手臂；而当那一棒真的打下去时，我们多少会觉得自己好像被打中似的，并且会感到疼痛。一群观众，当他们目不转睛盯着一个舞者走在一条松弛的绳子上时，自然而然会随着他歪曲、扭动、平衡他们自己的身体，因为他们觉得自己好像走在绳子上

---

① 邓军. 地铁内禁止乞讨的法经济学分析［J］. 经济研究导刊, 2017（22）：192—194.

似的，必须像那位舞者那样歪曲、扭动，否则就会失去平衡从绳子上摔下来。常有神经敏感与体质纤弱的人抱怨说，当他们在街上看到乞丐身上露出脓肿的溃疮时，他们自己身上的对应部位往往也会有发痒或不适的感觉。光是此想象的感受，便足以让他们纤弱的身躯产生那种发痒或不适的感觉。一些体质最强韧的人也注意到，当他们看到溃烂的眼睛时，他们自己的眼睛时常会有很明显的疼痛感，这也是相同的道理所引起的。

并非只有痛苦或悲伤的情况才会激发我们的同情感。当悲剧或浪漫剧里让我们着迷的那些英雄人物最后得以脱离困境时，我们所感觉到的那股喜悦之情，和我们因为他们的苦难而感觉到的那股悲伤一样真诚。旁观者的情感，总是和旁观者设身处地地想象当事人应该会有的那种感受相像。

三、契约——其他人和"我"的关系

（一）契约概念的渊源

契约的本质，就是他人进入了"我"的范围。

西方的法律、制衡制度等方面，有很多值得我们学习的地方，有很多东西可以为我所用。"契约论"是西方法制的基础理论，有着深厚的历史和宗教起源。

《旧约》中的契约

《旧约》中，摩西与上帝立下了契约，犹太人要奉耶和华为唯一的神，遵守约定上帝才会保佑它们，否则要受到惩罚。耶和华答应摩西将应许的土地（"一块流奶与蜜之地"），赐给犹太人，并指引摩西逃离埃及，到了西奈。在此上帝和摩西立下契约，定下十诫。

犹太人在西奈山、旷野、摩押平原流浪了 40 年，不断违反戒律也不断受到耶和华的惩罚。后来约书亚接替摩西成了领袖，耶和华显示神迹帮以色列人攻下了耶利哥，通过屠杀、征服原著民占领了整个迦南。

但后来以色列君王蔑视上帝，遭亚述灭亡，南部的犹大国也被尼布甲尼撒灭国，耶路撒冷毁灭，犹太人被掳到了巴比伦。

总之，《旧约》的主题是信上帝得奖励，不信上帝则受惩罚、受难和被残杀。而契约论，是《旧约》的基石。

(二)"契约论"的本质

为什么西方会信奉丛林法则的"契约论"呢？"契约"是个什么东西呢？

其实很简单，契约就是大家谈条件，讨价还价，最后形成约定。"契约"达成的是什么样的条款呢？是平等、自愿、自由的吗？显然不是。你翻开历史看看，契约的条款，是根据各方的实力决定的。也就是说，谁实力强，谁就能为自己拿到最有利的条件。就是说，"契约论"就是丛林法则，谁强谁说了算。

"契约论"代表了公平和正义吗？"契约论"是丛林法则，大家以实力为后盾谈条件，至于谈判的结果是不是代表了公平、正义，那只有天晓得。翻开欧洲的历史，那就是真正的动物世界、丛林法则的历史。欧洲人订立了无数个"契约"，每一个霸主无不以武力为后盾强迫弱者割地赔款，而弱者强大之后就挑战原来的强者把戏重演一遍。

英国人开着军舰跑到中国，和清政府签下"契约"：必须接受他们的鸦片，"公平"做生意。第一次世界大战就是这帮家伙重新划分势力范围。

（三）中国的契约

相比西方的"契约论"，中国的法律自古以道德为基础。当世界其他地方长期处于奴隶制、宗教迷信统治的状态下时，中国早就发展出了"天下为公"的理念。

政治这个词，和 Politics 不是一回事。政治的"政"这个字，就是走正道的意思。走正道的"政治"，和经世济民的"经济"，这两个词汇在中国都具有道德含义。

先秦典籍《礼记》中说得很清楚："大道之行也，天下为公，选贤与能，讲信修睦。"中国自古就是法治国家。

秦国就以法律严苛为名，直至唐朝的狄仁杰断案，宋代法医鼻祖宋慈的《洗冤集录》，明朝几乎每家一本的法律集《大诰》都能彰显出中国社会自古以来对法制的重视。

中国的法制有悠久的历史传统，对死刑制度的态度也非常严谨。从汉代的"录囚制度"发展到隋唐的死刑"三复奏""五复奏"制度，明朝的"秋审""朝审"制度，死刑的核准权一直是收归中央的。中国古代长期实行的三条死刑原则："秋冬行刑"，体现了对天道规律的尊重；"留存养亲"，体现了对社会人伦的维护；"慎刑慎杀"，体现了对生命的尊重。

而同时期的欧洲，流行的是愚昧的宗教审判所和烧死女巫、处置异教徒的火刑、石刑等酷刑。

在中国，契约的重要性体现在：

1. 防范不完全契约中的机会主义行为，增加信任，节省交易成本。

2. 提高在未来交易中的优势（增加社会资本，身份和声望）。

3. 获得更多未来收益，包括增加心理效应。

4. 前期风险投资。

第三节　博弈小游戏

情景引入：小游戏

在你同桌不知道的情况下写 A 或 B，把这个当作成绩的赌注，然后随机两两分组，你也不知道与谁是一组，按如下方法判定你们的成绩：分组后，如果你写 A，对手写的是 B，那么你的成绩是优秀，对手是不及格；如果你们都写的是 A，那么你们的成绩是及格；如果你写的是 B，对手写的是 A，那么你不及格，对手是优秀；如果你们都写的是 B，那么你们的成绩都是良，请仔细考虑然后做出你们的选择。

矩阵图：博弈论标准型中两人策略有限博弈，通常采用博弈矩阵表示。其中，参与人 1 的策略位于左边，参与人 2 的策略位于上边，矩阵中的数字表示参与人 1 和 2 的收益（payoff），其中同一个方框中，左边代表参与人 1 的收益，右边代表参与人 2 的收益。

小游戏的结果如表 6-1 所示：

表 6-1

	你选 A	你选 B
同桌选 A	及格，及格	同桌优秀，你不及格
同桌选 B	同桌不及格，你优秀	良，良

知识导航三 博弈论

一、博弈论的概念

博弈论（Game Theory）也被称为对策论，是研究人们在各种战略的情况下如何行事的理论。"战略"是指每个人在决定采取什么行动时，必须考虑其他人对这种行动会做出什么反应的状况。人们常常面临与少数对象打交道的时候，这时我们发现，最后的结果不仅取决于我们怎样做，还要取决于对方怎样做，也就是说结局是由双方互动决定的，这样的局面我们就称之为博弈。

你去超市购物，差不多类似于竞争性行为，因为你跟其他顾客并不直接打交道，大家都是看着价格标签来决定自己的购买行为。大家都是价格的接受者，都不能决定价格，但是所有人的购买行为又共同影响了价格。

如果你去的是菜市场、小服装店，那么大家的行为差不多是策略性的行为，因为大家要讨价还价，要直接竞争，要跟人打交道，要争取尽可能多的剩余（如图6-1）。

这也太贵了，两百行不行？

图6-1 讨价还价

正是从这个意义上,有人把完全竞争的行为称为"与天斗",把博弈论的行为称为"与人斗"。把完全竞争理论称为"决策论",而把博弈论称为"对策论"。

好比两个人朝相反的方向过独木桥,一次只能一个人通过。怎么过呢?

做法一:两个人讨价还价来决定谁先过,是按照先到先过,还是论资排辈,还是拳头(武力)说了算等。

做法二:装个红绿灯。大家根本不用打交道,看灯决策好了,红灯停,绿灯行。

很明显,做法二公平,在人多的时候更有效,而做法一则适用于人少的场合。

这就是为什么现代社会更注重法律,而传统社会更注重情理。这样的安排正好符合成本—收益的理性分析。在人群聚集的大城市,更多是竞争性行为;在传统的乡村社会,更多是策略性行为。

在新古典经济学理论中,理性地进行选择就是要最大化自身的收益。在某种观点看来,这是一个数学问题:在给定环境条件下选择最大化报酬的行动。因而我们可以把理性的经济选择当作一个数学问题的"解"。在博弈论中,情况就更复杂了。尽管结局不仅依赖于自身的战略和"市场"条件,也直接依赖于其他人所选择的战略,但我们仍然可以把理性的战略选择当作一个数学问题——最大化行为互动中的决策制定者群体的报酬——从而我们再次称理性的结果是博弈的"解"。

我们生活中无处不存在博弈。博弈论的世界没有仁慈,也没有怜悯,唯一存在的是自身利益。人们大部分唯有关心自我而已,每个人都认识到这一切,默认这一切。在博弈论世界老板永远不会给你加薪,因为加薪"似乎是件好事情",仅当你能够让老板相信给你更多的钱财符合他的利益时,你才能获得加薪。

但是我们看到有些政府政策的制定显然没有考虑到博弈,认为可以凭借强大的行政力量就能让下面的人服从,结果往往是好心的政策却产生了糟糕的结果。

(一)博弈的要素

1. 局中人。在一场竞赛或博弈中,每一个有决策权的参与者成为一个局中人。只有两个局中人的博弈现象称为"两人博弈",而多于两个局中人的博弈称为"多人博弈"。

2. 策略。一局博弈中,每个局中人都有选择实际可行的完整的行动方案,即方案不是某阶段的行动方案,而是指导整个行动的一个方案,一个局中人的一个可行的自始至终全局筹划的行动方案,称为这个局中人的一个策略。如果在一局博弈中局中人都总共有有限个策略,则称为"有限博弈",否则称为"无限博弈"。

3. 得失。一局博弈结局时的结果称为得失。每个局中人在一局博弈结束时的得失,不仅与该局中人自身所选择的策略有关,而且与全局中人所取定的一组策略有关。所以,一局博弈结束时每个局中人的得失是全体局中人所取定的一组策略的函数,通常称为支付(payoff)函数。

4. 对于博弈参与者来说,存在着博弈结果。

5. 博弈涉及均衡。均衡是平衡的意思,在经济学中,均衡意为相关量处于稳定值。在供求关系中,某一商品市场如果在某一价格下,想以此价格买该商品的人均能买到,而想卖的人均能卖出,此时我们就说,该商品的供求达到了均衡。所谓纳什均衡,是一种稳定的博弈结果。

二、经典博弈——囚徒困境

警方逮捕甲、乙两名犯罪嫌疑人,但没有足够证据指控二人入罪。于是警方分开囚禁犯罪嫌疑人,分别和二人见面,并向双方提供以下相同的选择:

(1) 若一人认罪并作证检控对方(相关术语称"背叛对方"),而对方保持沉默,此人将即时获释,沉默者将判监十年。

(2) 若二人都保持沉默(相关术语称"互相合作"),则二人同样判监一年。

(3) 若二人都互相检举(相关术语称"互相背叛"),则二人同样判监八年。

下面用矩阵图表示甲、乙囚徒可能的选择及对应的结果。

(1) 囚徒甲的选择及结果:

表6-2

	甲沉默	甲背叛
乙沉默	服刑1年	即时获释
乙背叛	服刑10年	服刑8年

(2) 囚徒乙的选择及结果:

表6-3

	甲沉默	甲背叛
乙沉默	服刑1年	服刑10年
乙背叛	即时获释	服刑8年

(3) 将甲、乙囚徒放到一个矩阵中显示他们的选择及结果:

表 6-4

	甲沉默	甲背叛
乙沉默	二人同服刑 1 年（1，1）	乙服刑 10 年，甲即时获释（0，10）
乙背叛	甲服刑 10 年，乙即时获释（10，0）	二人同服刑 8 年（8，8）

根据前面的分析，你认为甲、乙囚徒会怎样选择呢？换言之，囚徒到底应该选择哪一项策略，才能使个人的刑期缩至最短？

两名囚徒由于隔绝监禁，并不知道对方的选择，即使他们交谈，还是未必能够尽信对方不会反口。就个人的理性选择而言，检举背叛对方所得刑期，总比沉默要来得短。试着设想两名理性囚徒会如何做出选择：二人的理性思考都会得出相同的结论——选择背叛对方。

两人为了让自身利益最大化会选择背叛，结果是总体利益比合作要低，自己也没有得到最好的结果，这就是困境所在。

这里发生的情况是，两个囚犯陷入了"占优战略均衡"。

占优战略（Dominant Strategies）——让博弈的参与人单独地评估他面临的战略组合中的每一个战略，并且对于每一个组合，他从自己的所有战略中选择一个使他赢利最多的战略。如果对于参与人面临的每一个不同的战略组合，参与人都选择同一个战略，这个被选择的战略就叫该参与人在博弈中的"占优战略"。

在一局博弈中，如果每个参与人都有一个占优战略，且每个参与人都采取占优战略，那么（占优）战略组合及其相应的赢利被认为是构成了博弈的占优战略均衡。在囚犯困境博弈中，坦白是占优战略，当两个囚犯都选择坦白时，那就是占优战略均衡。

这个不同寻常的结果——两个囚犯出于自利的个体理性行动导致双

方情况变得更糟糕——在现代社会科学中产生了广泛的影响。因为在现实世界里有大量的行为互动与此极其相似，从军备竞赛到道路拥挤，以及渔业资源贫化和地下水资源的过度开发等，莫不如此。这些行为互动在细节上有很大差异，但却如我们想象的一样，个体理性给每个人带来了更差的结果，"囚犯困境"暗示了它们的发展方向。

思考：

美苏军备竞赛

军备竞赛很像囚徒困境。为了说明这点，考虑两个国家——美国和苏联——关于建立扩军还是裁军的决策。每个国家都愿意拥有比另一国强大的军备，因为军事力量强大才能对世界事务有更大的影响。

美苏会怎样做？结果会怎样？

广告博弈

当两个企业用广告来吸引相同的顾客时，它们面临与囚徒两难处境类似的问题。20世纪70年代，美国有两家大型烟草公司，万宝路和骆驼，他们面临的决策如下：

1. 如果两家公司都不做广告，它们瓜分市场，各得40亿美元利润。

2. 如果两家公司都做广告，他们仍然瓜分市场，各得30亿美元利润，因为每人都要承担10亿广告费。

3. 如果一家公司做广告，另外一家公司不做广告，做广告的一家就把另一家的顾客吸引走了。做广告的一家得到50亿美元利润，不做广告的一家得到20亿美元利润。

两家公司会怎样做？结果会怎样？

在市场博弈中，以自身利益最大化为目标的策略安排本是一种理性选择，但这种理性选择并不一定总能实现自身收益最大化，有时这种个体理性可能会导致集体非理性的结局。

一艘载有大量旅客的船突然遇到了风浪，很多人来不及进入船舱只能在甲板上颠簸，这时在船左侧的人都想，如果船向左侧倾斜时向右侧移动更安全，同样船向右侧倾斜时在船右侧的人向左侧移动更安全，所以大家就随着船体晃动不断来回移动，结果由于众人反复移动导致船体晃动愈加剧烈，最后船翻了，所有人都掉水里了……

这就是个体理性造成了集体的非理性事件，看似荒谬却广泛地存在人类社会中。

有个别地方基层选举时，每个人都有一张选票，选票本无价值，可当有人花钱买票的时候，这张票就有了价值，少的几百块，多的上千块，选民就把"无价值"的选票卖了赚了钱，这时每个人都是理性地得了实惠，而且随着竞选的增多，选票"价格"逐年攀升，大家的收入也逐渐多了起来，有的甚至指着这钱过年了。可有一天，大家终于发现，只有那些有钱有势的人才能当选，那些有能力的人由于没有"活动"经费，早早就被淘汰了，这些当选的人呢，花了那么多钱当然要"挣"回来，这就开始倒卖土地、霸占矿产，为了维护利益纠结打手成立黑社会组织。各种威胁、迫害也随之而来，老百姓又开始抱怨了。这也是个体短期理性造就的集体非理性事件。

孩子上学，本来是义务教育不需要花多少钱，老师也是领着工资没有什么其他收入，可是家长们都想让自己的孩子有更大的教育优势，怎么办呢？先是花钱选学校，再是花钱换班级、换桌位，还要花钱送礼给老师，让老师更多地照顾自家孩子，这个如意算盘打得多好啊！孩子也真的享有了更多的教育资源,可是教育资源一定程度上属于"零和博弈"(彼之所得必为我之所失,得失相加只能得零),一个孩子享有多了就一定会有另外的孩子享有得少,这时更多的家长加入了花钱选地方、送礼的大军中……到头来,非但哪个孩子没多享受多少教育资源,还惯坏了部分老师,宠坏了部分孩子,有些老师就会认为送礼是应当的,孩子也会认为因为有钱才能干成事情……这样的教育环境只有不断恶化了。

个体经营,无论是生产食品还是制作衣服,都要投入成本,加工成品再销售,之后赚取其中的差价。就拿饭店来说,都是那些食材加工而成,除非手艺特别精湛,要不大家都差不多。这时有人发现只要降低了成本,就可以赚钱更多的钱,可成本怎么降低呢?换了低端的油、低端的肉就会便宜,便宜之后可以用更低价出售,何乐不为?后来大家都这么干了,自己家做的自己不敢吃,只能去别人家吃,结果大家其实都一样。到头来大家只有开始抱怨食品安全问题。

第四节　坏脾气的人

情景引入:坏脾气

生活中我们时不时会遇到坏脾气的人,态度强横,惹他一点点,他就大发脾气。而有些人却非常乐意去帮助他人,态度友善。如何理解坏脾气人的存在?

知识导航四　斗鸡博弈

两只公鸡在争斗。鸡甲前进，鸡乙后退，此时鸡甲获得的效用为2，鸡乙获得的效用为负1；鸡甲后退，鸡乙前进，此时鸡甲获得的效用为负1，鸡乙获得的效用为2；鸡甲前进，鸡乙前进，此时鸡甲获得的效用为负2，鸡乙获得的效用为负2；鸡甲后退，鸡乙后退，此时鸡甲获得的效用为负1，鸡乙获得的效用为负1（表6-5）。

表6-5　斗鸡博弈矩阵图

	鸡甲前进	鸡甲后退
鸡乙前进	-2, -2	1, -1
鸡乙后退	-1, 1	-1, -1

上表中的数字的意思是：两者如果均选择"前进"，结果是两败俱伤，两者均获得-2的支付；如果一方"前进"，另外一方"后退"，前进者获得1的支付，赢得了面子，而后退者获得-1的支付，输掉了面子，但没有两者均"前进"受到的损失大；两者均"后退"，两者均输掉了面子，获得-1的支付。当然表中的数字只是相对的值。

这个博弈有两个纯策略纳什均衡：一方前进，另一方后退或一方后退，另一方前进。当然，该博弈也存在一个混合策略均衡，即大家随机地选择前进或后退。一局博弈，如果有唯一的纳什均衡点，那么这个博弈是可预测的，即这个纳什均衡点就是事先知道的唯一的博弈结果。但是如果一个博弈有多个纳什均衡，则要预测结果就必须附加另外的有关博弈的细节信息。比如，这里谁进谁退，可能就需要附加额外的细节信息才能做出判断。

第六章 人际关系中的经济学

斗鸡博弈在生活中也是普遍存在的,在大学里面,经常要进行团队合作,往往对考试成绩不在乎并表示"鱼死网破"的同学可以轻松地获得搭便车的机会,因为重视学习、重视成绩的人在团队中更有理由把作业做好。

假设我很强壮且脾气暴躁,如果不按照我的意思去做,我马上就会发火。我的这个脾气尽人皆知,结果大家都小心翼翼,生怕惹我生气,都顺着我。我因此从中得到了好处。实际上如果别人不顺从我,我只有动武,但是这样的代价是很高的,因为被打的人可能还手,我也可能因为打人而被警察抓起来,但是,如果我的坏名声具有威慑力,我可能不需要通过武力就能使别人顺从。于是,为了维持这个坏名声,我故意显得脾气暴躁。我告诉自己,也告诉别人,我是一个专横的人,这样的人从不听任何人的摆布。我慢慢地将"随意摆布我"的定义扩大为"不顺从我的意志""不按照我说的去做"。

我们通常把这种性格称为侵犯型人格。但是如果把它看作是理性地、有意识地采取的一种策略,也许更有意思。一旦实施这种策略,我就再也不能根据每种情况自由地选择最优应对措施,于是我越走越远,完全超过了限度,以至于没法走回头路。

这样的例子充斥在社会中,往往无理取闹的人、发疯闹事的人在发生纠纷以后更容易震慑住理性的人。

一个简单的例子就是,在公路上发生了交通事故,一个无赖和一个文化人进行理论,由于时间成本不一样,斗鸡博弈是很容易产生的,最后的结果往往是秀才遇到兵,有理说不清。

第五节　老师要不要告诉家长

情景引入：一个老师的小烦恼

一年夏天我在大学里得到教授四年级学生简单计算机编程的工作。由于没有经验，我犯下一个错误，我在孩子们心中的印象不像孩子们老师而像是朋友。我要求学生们叫我名字而不是老师。哎，我的不拘礼节使学生们没有丝毫惧怕我的意思。我很快发现这样使我难以维持课堂纪律，直到我找到威胁学生的方法。

根据规定学生家长都将列席最后一天的课程。虽然学生不曾把我当成真正的老师，但是他们知道家长们正好相反。我发现尽管学生并不直接怕我，但是他们都害怕我可能对家长们讲的话，于是我利用这种恐惧来管教学生。如果我仅教训两个学生说要停止互相打闹，他们显然会把我的话当成耳边风。但是如果我告诉孩子们说我会把他们的举止告诉家长，那么相互之间的打闹立即停止了。

可是孩子们本来不应该相信威胁的。我在夏季结束之后再也看不到我的学生了，所以告诉家长说他们的孩子根本不是完美的天使绝对于我没有任何好处。很明显，说自己学生的任何坏话都不符合我的自身利益，因为这会让学生家长不舒服。

我知道学生的劣迹主要来源于本人的错误，因为我确实不像真正的教师。

知识导航五　序贯博弈

序贯博弈（Sequential Game）是指参与者选择策略有时间先后的博弈形式。因此，某些对局者可能率先采取行动，它是一种较为典型的动态博弈。一方在决策时，会考虑到另一方的反应行为，并在这种考虑基础上进行自己的当前决策。

根据如上情境，让我们把"我"和学生之间进行的博弈模型化吧。图 6-2 表示的是一个博弈树。此博弈从决策点 A 开始。在节点 A，孩子决定是老实一点还是不老实，如果他老实，博弈结束。如果他不老实，那么博弈进行到决策节点 B。在节点 B 我需要决定是否告诉家长说孩子们不老实。在现实生活的博弈中，所有孩子都相信在节点 B 我将告诉家长们实情。相应地在节点 A 孩子们选择老实。但是由于告诉家长任何不老实的行为都不符合我的利益，我在节点 B 唯一符合逻辑的反应就是不要告诉家长实情。假如孩子们能深刻地理解博弈论，他们会

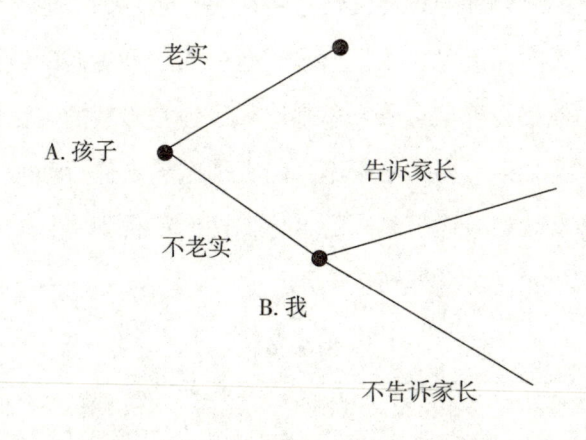

图 6-2

预期到我在 B 点的行动,并且因此在节点 A 选择不老实。学生的不理性信任导致他们拒绝了不可信的威胁。

一、非理智的好处

非理智也存在优势。无论精神病院何时企图惩戒一个病人,他都能够通过胁迫工作人员得到某些自由,如变得具有自残倾向。如果理性的人告诉老板,在被降职的情况下他将割断自己的手腕,老板不大可能相信此类威胁。但是一个精神病院的病人能够可信地使用自残的威胁。

我曾经尝试通过自杀威胁的方式从我的每个学生身上勒索 50 元。首先,我要求愿意捐助 50 元来拯救我的生命的学生举手。(有一些人举手,但不是全部)接下来,我告诉学生说,如果举手的学生不愿意给 50 元,那么我将自杀。当然学生是不会给钱的,因为他们不相信威胁。但是如果他们相信我"疯"了,我也许能够得到一点钱。

表现得疯狂能够增强威胁的可信性。如果对手认为对你来说"赢得胜利"远比最大化得益更重要,你的威胁就很容易变得具有可信性。

又如,企业的目的是尽可能地赚钱。任何为追求更多其他目标而牺牲利润最大化的公司都会被经济学家看成是非理性的。但有趣的是,一个非理性的个人实际上可能比只追求钱财的人得到更多的钱财。竞争对手先发行动。他要么善良,要么卑鄙。如果他是善良的,你们两个都得到 1 千元,博弈结束。如果他是卑鄙的,那么轮到你行动时,你可以选择卑鄙或者善良。如果你是卑鄙的,你们两个都得到零,如果你是善良的,你得到 100 元,对手得到 2 千元。

表 6-6

对手	善良	均获利 1000 元	卑鄙	均获利 0 元	卑鄙	获利 2000 元
你	善良		卑鄙		善良	获利 100 元

如果你只在意钱财，那么如若你选择善良，当然这将导致对手赚钱比你更多。但是企业的目的就是尽可能地赚钱，不是比竞争对手赚更多的钱。因此理性的商人选择善良，尤其在博弈只进行一次的情况下。不幸的是如果对手相信你将选择善良，他将选择卑鄙，你只能得到100元。相反如果对手相信由于他的卑鄙你将选择卑鄙来报复他，他将选择善良，你将得到1千元。此局势看起来有些荒诞不经，因为一个专心赚钱的人怎么会比那些具有多种目的的人赚钱更少呢？

你在此博弈中实际上不会由于理性而遭到损失，但是你会由于被别人看作具有理性而蒙受损失。对手的决策不是建立在你是否真正有兴趣报复的基础上，而是建立在他是否认为你有兴趣报复的基础上。这个博弈给我们一个重要的商业教训。在许多博弈中，执行一项威胁可能不符合自身利益。其他人可能会意识到这一点，因而不会严肃地看待有关威胁。关于此可信性问题的一种解决方法就是让其他人相信，你在某种程度上"疯"了，即使威胁成本高昂，你也会照样执行威胁。例如，当要求加薪时，如果老板认为倘若他拒绝你的要求，你会失去理性并且辞职，即使辞职不符合自身利益，那么这样对你反而有利。当然这并不意味着你应该努力变得非理性，相反，它意味着有时候你应该努力让其他人相信最大化利润不是你唯一的目标。

此博弈的另外一个教训就是其他人都有动机让你相信他们是疯狂的，但是情况实际上并不是这样。你应该检查任何行为疯狂的人，看一看那种"巧合性"的力量是否在强化他们的谈判地位。

有趣的是由于疯狂的好处，进化可能正好使人们有些非理性。报复的情感就属于这种类型。就报复的本质而言，报复意味着伤害曾经伤害你的人，不理会伤害者，受害者的处境会得到改善。报复是一种伤害曾

211

经伤害我们所爱之人或者自己的伤害者的非理性渴望。

假如在史前的一个小部落，设想一群入侵者从小部落中偷盗食物。只有当打击入侵者成本不是很高之时，理性的部落才会打击入侵者。但是不管代价怎么样，天然具备复仇心的部落总是会打击入侵者。所以入侵者宁愿偷盗理性的部落，被别人认为具有复仇心能够给你提供保护，而且因此报复心被赋予了进化优势。

完全理性的结果并不一定好。比如囚徒困境，再比如人们几百年来流传下来的俗语："聪明反被聪明误""非理性"的结果并不一定坏。正如人们常说的"大智若愚""憨厚精细"。

二、博弈中的"非理性"策略

（一）"非理性"策略一——率先合作

		厂商B	
		高价	低价
厂商A	高价	10, 10	2, 15
	低价	15, 2	6, 6

图 6-3 双寡头厂商定价博弈

1. 触发策略：先合作，如果对方采取不合作策略，那么随机也采取不合作策略，并且永远采取不合作策略。

2. 一报还一报策略：先合作，之后每期采取对方上一期的策略。

3. 胡萝卜加大棒策略：先合作，之后如果上期的结果是（合作，合作）或（惩罚，惩罚）则下期采取合作，否则下期就采取惩罚。

应用情景：夫妻双方吵架后，见面打招呼，向对方示好等。

(二)"非理性"策略二——斩断退路

	少年B 打方向盘	少年B 朝前猛开
少年A 打方向盘	2, 2	1, 3
少年A 朝前猛开	3, 1	0, 0

图6-4 胆小鬼博弈

假设由老板安排两个员工去共同完成一项任务,结果如图6-5:

	参与人2 A	参与人2 B
参与人1 A	100, 100	-300, 0
参与人1 B	0, -300	0, 0

图6-5

(三)"非理性"策略三——困住自己的手脚

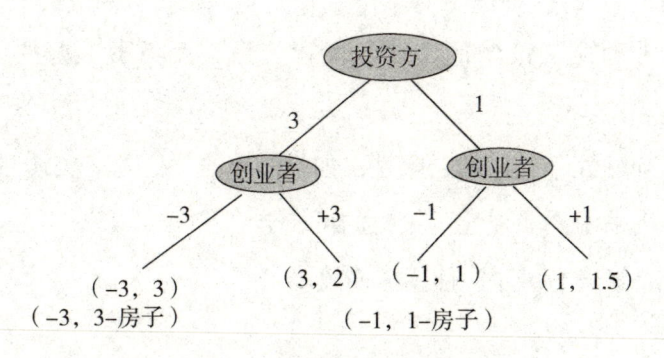

```
              投资方
           3 /      \ 1
        创业者        创业者
       -3 / \ +3    -1 / \ +1
    (-3,3) (3,2)  (-1,1) (1,1.5)
   (-3,3-房子)    (-1,1-房子)
```

投资方—创业者博弈

图6-6

奥德修斯（Odysseus）穿过海悦赛人岛屿时，海悦赛人动人的音乐会吸引奥德修斯的船驶向他们的岛屿，最终触礁船翻。为了避免自己做出错误的选择，奥德修斯命人把自己捆在船杆上。

股神沃伦·巴菲特（Warren Buffett）选择住在小城市，因为投资这项工作需要极端冷静和超强耐心，远离浮华与轻率，也就远离了巨大的风险。

（四）"非理性"策略四——直截了当

直截了当率先表明自己的立场、态度。就像电视连续剧《何以笙箫默》（改编自顾漫同名小说）里面的赵默笙首先表明出自己喜欢何以琛一样。

1. 在序贯博弈中，首先做出策略选择和采取行动的博弈方可以占据有利地位，获得较多利益。

2. 首先行动能够获得优势的原因在于它造成了一种既成事实，为使利润最大化，另一方必须根据首先行动一方的策略来选择自己的策略，而且该模型表明，信息较多的博弈方不一定能获得较多的得益。

总结：

1. "非理性"策略的实质：大智若愚、大巧不工型的另类理性策略。

2. "非理性"策略的局限性：如果博弈的其他方"完全理性"，精于算计，则采用"非理性"策略的可能会吃亏。

注意：策略有风险，使用需谨慎。

第七章

了解宏观经济

在这一章将了解既熟悉又陌生的宏观经济概念。很多宏观经济概念，耳熟能详，但是又一知半解，让我们一起用最简单易懂的方式去认识吧！

第一节 到底什么是 GDP

情景引入：节俭和浪费的尺度该如何把握？

有一群蚂蚁原本十分富足，每只蚂蚁都整天大吃大喝。后来有一个哲人教导它们说，不能如此挥霍浪费，应该厉行节约。蚂蚁们听了哲人的话，觉得很有道理，于是迅速贯彻落实，个个争当节约模范。但结果出乎预料，整个蚁群从此迅速衰败下去，一蹶不振了。

知识导航一 国民收入核算理论与方法

一、国内生产总值的概念

如果要计算一个国家在一段时间内比如一年内生产产品的总量，假设生产的产品为100万件衬衣、100万吨苹果、1000万平方米住房与10万辆小汽车。直接把100万件衬衣与100万吨苹果、1000万平方米住房、10万辆小汽车相加,结果等于什么,我们无法计算。此时只能用这些产品共同的单位——价格(price)来计算,事实上把它们的价格加到一起就是国内生产总值。国内生产总值(GDP)是指一定时期内,在一个国家或地区范围内,所生产的全部最终产品和劳务的价格总和。

(一)GDP统计的是最终产品,而不是中间产品。最终产品是供人们直接使用和消费,不再转卖的产品和劳务。中间产品是作为生产投入品,不能直接使用和消费的产品和劳务。生活中,有些产品可以作为最终产品,也可以作为中间产品。例如,面粉被消费者买回家蒸馒头自家吃,则为最终产品,若被食品厂买去蒸制馒头后卖给消费者,则为中间产品。这样把哪些面粉计入最终产品,哪些面粉计入中间产品,是很难分清楚的。因此用增加值的含义去计算最终产品价值,可避免价值的重复计算。即增加值=总产出-中间投入。

例如,农民种植小麦并以1元的价格全部卖给了磨坊主,磨坊主磨好麦子,以3元的价格卖给了面包师,面包师用买来的面粉做了一个面包,并以6元的价格卖给了工程师,工程师吃了面包。用增值的概念去计算这个过程的GDP,则GDP=6-1-3=2元。

(二)GDP是使用市场价值来衡量的

在统计GDP时,不仅统计实物,也统计劳务。

(三)GDP是流量而非存量

流量是指一定时期内发生或产生的变量,存量是指某一时点上观测或测量到的变量。GDP反映的是在统计期内新创造的价值的多少,在统计的时候不应当把上一统计期留存下来的存量计算在内。

（四）GDP 是按国土原则，而不是按国民原则计算的

与 GDP 相关的一个国民经济总量指标是国民生产总值（GNP）。国民生产总值是在某一既定时期内，由一国永久居民生产的最终产品和劳务的市场价值总和。GDP 衡量的产品市场价值是在一个国家的领土范围之内，也就是说，只要在一国领土之内，无论是本国企业还是外国企业生产的都属于该国的 GDP。显然，GDP 是按"国土原则"计算，强调的是一国领土范围内生产的总产出量。而 GNP 是按"国民原则"计算，强调的是一国居民生产的总产出量。这就是说，本国公民无论在国内还是国外生产的都属于本国的 GNP。GNP 强调的是民族工业，GDP 强调的是境内工业。在全球经济一体化的当代，各国经济更多地融合，很难找出原来意义上的民族工业。所以，各国在国民收入统计中采用 GDP 代替 GNP，正是反映了这种趋势。

（五）没有经过市场交易的经济活动产生的价值无法计入 GDP

在 GDP 的计算中，有一些最终产品和劳务不参加市场交易，没有市场价格。这涉及两种情况：1. 可以通过估算这些产品和劳务的市场价值，大概地计算出 GDP。如自有房屋租金的计算。再如，政府服务不在市场上进行交易，无法计算其价值，通常是根据政府服务的成本进行估算，即按照公务员的工资估算其价值。对于这种情况，通过价值估算，可以计算到 GDP 当中。2. 无法计入 GDP 的。如家务劳动，一些自给性产品等，无法计入 GDP 当中。

（六）GDP 是个生产概念

假如生产了 100 元的产品，只卖出去 80 元，GDP 是 100 元而不是 80 元。假如生产了 100 元的产品，卖出了 120 元，GDP 还是 100 元，而不是 120 元。因此股票买卖等金融市场交易的金额，不能算进 GDP。

【相关案例】 20 世纪最伟大的发现之一

美国著名的经济学家保罗·萨缪尔森（Paul A Samuelson）说："GDP 是 20 世纪最伟大的发现之一"。没有 GDP 这个发明，我们就无法进行国与国之间经济实力的比较，贫穷与富裕的比较，我们就无法知道在 2005 年我国的 GDP 总量排在全世界的第 4 位，少于美国的 5 倍多，没有 GDP 我们也无法知道我国人均 GDP 在 2005 年才超过 1300 美元，低于美国和日本的 35 多倍。① 没有 GDP 这个总量指标我们无法了解我国的经济增长速度是快还是慢，是需要刺激还是需要控制。GDP 就像一把尺子、一面镜子，是衡量一国经济发展和生活富裕程度的重要指标。

如果你要判断一个人在经济上是否成功，你首先要看他的收入，高收入的人享有较高的生活水平。同样的逻辑也适用于一国的整体经济。当判断经济富裕还是贫穷时，要看人们口袋里有多少钱。这正是国内生产总值（GDP）的作用。GDP 同时衡量两件事：经济活动中所有人的总收入和用于经济中物品与劳务产量的总支出。GDP 既衡量总收入又衡量总支出的秘诀在于这两件事实际上是相同的。对于一个经济整体而言，收入必定等于支出。这是为什么呢？一个经济整体的收入和支出相同的原因就是一次交易都有两方：买者和卖者。如你雇一个小时工为你做卫生，每小时 10 元，在这种情况下小时工是劳务的卖者，而你是劳务的买者。小时工赚了 10 元，而你支出了 10 元。因此这种交易对经济的收入和支出做出了相同的贡献。无论是用总收入来衡量还是用总支出来衡量，GDP 都增加了 10 元。由此可见，在经济中，每生产 1 元钱，就会产生 1 元钱的收入。

---

① 宏观经济学案例分析 [EB/OL]．百度文库，2019 - 03 - 09．

【相关案例】从 GDP 看我国与发达国家的差距

国际货币基金组织按汇率法计算了 179 个国家和地区 2005 年国内生产总值和人均 GDP 的统计数据。数据显示，2005 年 GDP 位居前十位的国家分别是美国、日本、德国、中国、英国、法国、意大利、西班牙、加拿大和巴西。数据同时显示，2005 年世界 179 个国家排名，中国人均 GDP 为 1352 美元，位居世界第 112 位，仍属中下收入国家行列。尽管与世界发达国家相比，这一数字还相当小，但中国人均 GDP 突破一千美元，表明中国跨过一个"门槛"。2005 年人均 GDP 位居世界前十位的国家分别是卢森堡、挪威、瑞士、爱尔兰、丹麦、冰岛、美国、瑞典、英国和日本。中国香港居世界第 23 位；中国台湾居世界第 36 位。从上述数字可以看出，在 2005 年我国的 GDP 总量已超过了 10 万亿人民币，我国的经济增长速度是 9.2%，这是非常了不起的成绩，尤其是在各国经济衰退的宏观形势下，但是我们和发达国家相比，差距还是很大的，从 GDP 的总量来看，如果我们把这 10 多万亿人民币比作一个蛋糕，那么美国就是 6 个蛋糕，从人均 GDP 看差距就更大了，美国 6 个蛋糕除以 3 亿人，我们 1 个蛋糕除以 13 亿人，美国的人均 GDP 高出我们 35 倍之多。中外很多经济学家估计照这样的速度我国 GDP 总量有望在 2015 年赶上美国，但人均 GDP 赶上美国还任重道远。①

---

① 宏观经济学案例整理.doc [EB/OL].原创力文档，2018 - 10 - 02.

二、GDP 的核算方法

简单地讲,核算 GDP 就是核算生产成果。

(一) 收入法

收入法也称分配法,是从生产过程形成收入的角度,对常住单位的生产活动成果进行核算。国民经济各产业部门收入法增加值由劳动者报酬、生产税净额、固定资产折旧和营业盈余四个部分组成。计算公式为:增加值 = 劳动者报酬 + 生产税净额 + 固定资产折旧 + 营业盈余。

1. 劳动者报酬。劳动者报酬是指劳动者从事生产活动所应得的全部报酬,包括劳动者应得的工资、奖金和津贴,既有货币形式的,也有实物形式的,还有劳动者所享受的公费医疗和医药卫生费、上下班交通补贴和单位为职工缴纳的社会保险费等。对于个体经济来说,由于其所有者所获得的劳动报酬和经营利润不易区分,因此这两部分统一作为劳动者报酬。

2. 生产税净额。生产税净额是指生产税减去生产补贴后的差额。生产税是指政府对生产单位从事生产、销售和经营活动,以及因从事生产活动使用某些生产要素,如固定资产、土地、劳动力所征收的各种税、附加费等,包括销售税金及附加费、增值税、管理费中开支的各种税、应交纳的养路费、排污费和水电费附加、烟酒专卖上缴政府的专项收入等。生产补贴与生产税相反,是政府对生产单位单方面的转移支付,因此视为负生产税处理,包括政策性亏损补贴、价格补贴等。

3. 固定资产折旧。固定资产折旧是指一定时期内为弥补固定资产损耗,按照核定的固定资产折旧率提取的固定资产折旧,或按国民经济核算统一规定的折旧率虚拟计算的固定资产折旧。它反映了固定资产在当期生产中的转移价值。各种类型企业和企业化管理的事业单位的固定资产折旧是指实际计提的折旧费；不计提折旧的单位，如政府机关、非企业化管理的事业单位和居民住房的固定资产折旧则是按照统一规定的折旧率和固定资产原值计算的虚拟折旧。原则上，固定资产折旧应按固定资产的重置价值来计算，但是我国目前尚不具备对全社会固定资产进行重估价的基础，所以暂时只能采用上述方法来计算。

4. 营业盈余。营业盈余是指一国或某个地区不同单位创造的增加值扣除劳动者报酬、生产税净额和固定资产折旧后的余额。

国内生产总值收入法亦称"成本法"。从生产要素所有者获得收入，或从生产要素使用者支付成本的角度计算国内生产总值。把从生产产品和提供劳务过程中所发生的雇员报酬、固定资产消耗、生产税和进口税净额、营业盈余（混合收入）相加。计算公式为：国内生产总值＝雇员报酬＋固定资产消耗＋生产税和进口税净额＋营业盈余（混合收入）。

（二）支出法

我们最常用的或者说最常分析的，其实是支出法。支出法计算国内生产总值是从最终使用的角度反映一个国家（或地区）一定时期内生产活动最终成果的一种方法。最终使用包括最终消费、资本形成总额和净出口三部分。计算公式为：支出法国内生产总值＝最终消费＋投资＋政府购买＋净出口（出口－进口）。

对于支出法计算GDP，我们可以这么理解，即一定时期内一国范围内生产出来的所有最终产品和劳务无外乎有如下几个去向：被本国居民购买、被企业购买、被政府购买、被外国人购买，或者未卖出存放于仓库中，当然也存在被意外损耗掉的部分。

1. 消费。消费指的是居民的各种支出，此部分一般占GDP的一半以上。

2. 投资。投资分固定投资和存货投资两部分,其中固定投资包括居民住房投资和企业固定投资,存货投资是生产者产量超过实际销售量的存货积累,也就是说,对于生产者而言,在上一个统计期没有销售掉的产品,将其看作生产者对存货的投资,计入本统计期的 GDP 中。

3. 政府支出。政府支出指的是政府购买的各种有形商品和劳务。

4. 净出口。净出口指的是一个国家或地区在统计期内实际出口总值减去实际进口总值的差值,表示本国产品最终有多少是通过外国人购买而实现其市场价值的。

(三)生产法

生产法亦称"增加值法""部门法",是从生产角度计算国内生产总值,从生产过程中创造的货物和服务价值入手,剔除生产过程中投入的中间货物和服务价值。即企业(或部门)在一年内生产的产品或提供的劳务的货币总额,减去消耗的产品和劳务的货币总额后的余额,得到增加价值的一种方法。国民经济各产业部门增加值计算公式如下:增加值=总产出-中间投入。将国民经济各产业部门生产法增加值相加,得到生产法国内生产总值。

即企业(或部门)一年内的增加值。计算公式为:国内生产总值 =Z 各部门增加值 = $ (各部门的总产出-各部门的中间消耗)。

【相关案例】GDP 不是万能的,但没有 GDP 是万万不能的。

德国学者厄恩斯特·冯·魏茨察克和两位美国学者艾墨里·B. 洛文斯、L·亨特·洛文斯在他们合著的《四倍跃进》中对 GDP 在衡量经济增长中的作用更是提出了诘难,他们生动地写道:"乡间小路上,两辆汽车静静驶过,一切平安无事,它们对 GDP 的贡献几乎为零。但是,其中一个司机由于疏忽,突然将车开向路的另一侧,还撞上了到达的第三辆汽车,造成了一起恶性交通事故。'好极了',GDP 说。因为,随之而来的是:救护车、医生、护士,意外事故服务中心、汽车修理或买新车、法律诉讼、亲属探视伤者、损失赔偿、保险代理、新闻报道等一系列活动,所有这些都被看作正式的职业行为,都是有偿服务。即使任何参与方都没有因此而提高生活水平,甚至有些还蒙受了巨大损失,但我们的'财富'——所谓的 GDP 依然在增加"。1998 年湖北发了大水,遭了大灾,湖北的经济增长速度却提高到了 13%。基于以上的分析,三位学者深刻地指出:"平心而论,GDP 并没有定义成度量财富或福利的指标,而只是用来衡量那些易于度量的经济活动的营业额"。①

需要进一步指出的是,国内生产总值其中所包括的外资企业虽然在我们境内从统计学的意义上给我们创造了 GDP,但利润却是汇回他们自己的国家的。一句话,他们把 GDP 留给了我们,把利润转回了自己的国家,这就如同在天津打工的安徽民工把 GDP 留给了天津,把挣的钱汇回了安徽一样。看来 GDP 只是一个"营业额",不能反映环境污染的程度,不能反映资源的浪费程度,看不出支撑 GDP 的"物质"内容。在当今中国,资源浪费的亮点工程、半截子工程,都可以算在 GDP 中,都可以增加 GDP。

尽管 GDP 存在着种种缺陷,但这个世界上本来就不存在一种包罗万象、反映一切的经济指标,在我们现在使用的所有描述和衡量一国经济发展状况的指标体系中,GDP 无疑是最重要的一个指标。正因为有

---

① 张淑云. 树立科学的发展观确立绿色 GDP 指标体系 [J]. 理论与现代化,2004(3):23—24.

这些作用,所以我说,GDP 不是万能的,但没有 GDP 是万万不能的。

经济学者马晓岗认为,从上述案例不难看出目前在评价经济状况、经济增长趋势及社会财富的表现时,使用最为广泛的国民经济核算所提供的 GDP 指标,不能完全反映自然与环境之间的平衡,不能完全反映经济增长的质量。这些缺陷使传统的国民经济核算体系不仅无法衡量环境污染和生态破坏导致的经济损失,相反还助长了一些部门和地区为追求高的 GDP 增长而破坏环境、耗竭式使用自然资源的行为。可以肯定的是,目前 GDP 数字里有相当一部分是靠牺牲后代的资源来获得的。有些 GDP 的增量用科学的发展观去衡量和评价,不但不是业绩,反而是一种破坏。我们要加快发展、加速发展,但不能盲目发展。①

第二节 "招工难"和"失业潮"

情景引入:招工难?

2009 年 8 月以来,据多家媒体报道,在中国的珠三角、长三角等地,很多中小企业的订单大量增加,但是招不到工人。来自广州、深圳、东莞、佛山等珠三角城市劳动力市场的信息显示,这个接纳全国近 1/3 农民工的地区,劳动力市场求人倍率在 1∶1.14 到 1∶1.51 之间,也就是说每个求职的人有 1 个以上岗位虚位以待;在温州,2009 年 8 月份该地区职介中心的用工缺口占比 73% 多,相比 2009 年 6 月的 52% 上升了 21 个百分点。②

---

① 马晓岗. 以科学发展观看待"GDP"[J]. 科学咨询, 2004 (7): 6—7.
② 施维. 冷静看待当前局部地区"民工荒"[J]. 农家顾问, 2009 (11): 5—6.

知识导航二　失业

一、就业与失业

古人说："无恒业者无恒产，无恒产者无恒志。"一个人只有从事某种职业、某项工作，付出劳动获得经济收入，才能获取生活资料，维持生计，改善生活。同时，劳动者在自己的岗位上发挥聪明才智，还能够享受劳动的喜悦，体验为社会创造财富和价值的成就感，实现有尊严的生活，实现自己的人生价值。可以说，就业是一个人生存、发展和自我实现的重要前提和基本途径。就业关乎社会和谐稳定，关系到千家万户。简单地讲，就业率是指一百个人里面有多少个就业的。凡是在一定年龄范围内愿意工作而没有工作，或者正在寻找工作的人称为失业。失业率 = 失业人数/劳动力人数，劳动力人数 = 就业人数 + 失业人数。失业率是指一百个人里面有多少人失业。

二、失业的类型根据失业的原因不同，分为自愿性失业、非自愿性失业、隐蔽性失业。

经济学中讲述的是非自愿性失业。该类型失业是指有劳动能力、愿意接受现行工资水平但仍找不到工作的现象。这种失业可以通过经济手段和政策消除，包括了以下几种类型。

（一）季节性失业

季节性失业是指由于某些部门的间歇性生产特征而造成的失业。例如，有些行为或部门对劳动力的需求随季节的变动而波动，如受气候、产品的式样、劳务与商品的消费需求等季节性因素的影响，使得某些行业出现劳动力的闲置，从而产生失业，主要表现在农业部门和建筑部门,或一些加工业如制糖业。

(二)摩擦性失业

摩擦性失业是指正处于从一个工作到另一个工作过渡之中的劳动力。这种失业的性质是过渡性的或短期性的,它通常起源于劳动的供给一方,因此被看作一种求职性失业,即一方面存在职位空缺,另一方面存在着与此数量对应的寻找工作的失业者,这是因为劳动力市场信息的不完备,厂商找到所需雇员和失业者找到合适工作都需要花费一定的时间。摩擦性失业在任何时期都存在,并随着经济结构变化而有增大的趋势,但从经济和社会发展的角度来看,这种失业存在是正常的。

(三)结构性失业

结构性失业是指劳动力的供给和需求不匹配所造成的失业,其特点是既有失业,也有职位空缺,失业者或者没有合适的技能,或者居住地点不当,因此无法填补现有的职位空缺。结构性失业在性质上是长期的,而且通常起源于劳动力的需求方。结构性失业是由经济变化导致的,这些经济变化引起特定市场和区域中的特定类型劳动力的需求相对低于其供给。

(四)技术性失业

技术性失业是由于技术进步所引起的失业。简单来说,当技术发展到一定阶段的时候,过去许多要人工完成的工作已经完全被机器或者电脑代替,这个时候,那些被机器或者电脑代替工作的人就不得不面临失业的状况,这就是我们平常所认识的技术性失业。此外,在经济增长过程中,资本品价格相对下降和劳动力价格相对上升也加剧了机器取代工人的趋势,从而也加重了这种失业。处于这种失业的劳动者通常文化技术水平低,不能适应现代化技术工作的要求。

(五) 周期性失业

周期性失业是指由于劳动需求下降而导致的失业。当经济发展处于一个周期中的衰退期时，社会总需求不足，因而厂商的生产规模也缩小，从而导致较为普遍的失业现象。周期性失业对于不同行业的影响是不同的，一般来说，需求的收入弹性越大的行业，周期性失业的影响越严重。也就是说，人们收入下降，产品需求大幅度下降的行业，周期性失业情况比较严重。通常用紧缩性缺口来说明这种失业产生的原因。紧缩性缺口是指当实际总需求小于充分就业的总需求时，实际总需求与充分就业总需求之间的差额。

三、失业的影响

失业会产生诸多影响，一般可以将其分成两种：社会影响和经济影响。

（一）失业对经济社会的消极影响

1. 造成经济总量的损失。根据奥肯定律，失业是一种资源低效率配置，它意味着生产达不到充分就业时的水平，是社会人力资本的损失，直接堵塞了人力资本创造新价值的道路。

2. 扩大收入分配的差距，加剧两极分化。就业能力低的人通常收入低又容易失业。

3. 失业将在一定程度上影响社会治安，甚至危及社会稳定。

（二）失业对劳动者的影响

1. 失业直接影响劳动者精神需要的满足程度。就业并通过劳动谋生是人最重要的社会经济特征，丧失这个特征会极大地挫伤劳动者的自尊心和自信心，直接影响失业者的生活方式和社会交往方式，降低劳动者精神需要的满足程度。

2. 失业将会减少家庭可支配收入，降低劳动者家庭生活水平。

【相关案例】"失业潮"还是"招工难"？感知就业市场冷暖

在经济下行，去产能、产业升级的背景下，"失业潮"的隐忧似乎正再次向中国袭来。然而，春节过后，中国各地陆续曝出"招工难"的消息，这令人不由得思索中国人力市场现如今的"真容"到底为何？节后，东莞这座被誉为"世界工厂"的城市早早便迎来了大大小小的招聘会，一些中小企业给技术工人的工资出到6000元（人民币，下同），但仍面临人才难求的局面。与东莞临近的广州，也在春节过后遭遇了"招工难"，劳动密集型服务企业招工尤其困难，一家家具公司基本工资3200元的岗位乏人问津。广东省政协委员许建华表示，"用工难"已成为广东省劳动密集型企业一个普遍的现象。

基于智联招聘职位库大数据的CIER指数（中国就业市场景气指数）显示，2015年第四季度CIER指数从第三季度的1.96小幅回升至2.09，就业市场继续保持供不应求的格局。"招工难"和"失业潮"是就业问题的两面。

中国经济正经历转型升级，就业问题也正变得更为复杂。在"招工难"方面，中国人口红利消失，收入水平提升，使得劳动密集型企业越来越难以招到廉价劳动力。此外，中国外贸走弱，出口加工型企业订单减少、效益下滑，也让招工变得更加困难。因此，不少劳动密集型企业正在谋求转型升级，实现"机器换人"。

对于中小型创新科技类企业来说，面临着转型升级和成本控制的压力，经历蜕变的阵痛，目前尚难以开出足够吸引高技术人才的工资。他们希望能够获得政府的资金和金融支持。

"招工难"的反面,是"失业潮"的隐忧,从去年开始,一些特定行业对普通工人的需求在逐步缩减。比如,面临"去产能"压力的能源类行业,以及以"去库存"为当前首要任务的建筑行业,压缩用工、裁员减员已经成为"现在进行时"。面对中国就业市场的新变局,一些外媒做出了中国将迎来第二次"失业潮"的判断。中国官方回应,中国的经济条件保证"失业潮"绝对不会出现。

中国国家发展和改革委员会新闻发言人赵辰昕上周提出了中国就业市场的四大支撑:一是中国经济仍将保持中高速增长,就业拉动能力将继续提升;二是"双创"将继续推进,创业带动就业的能力还将进一步增强;三是随着经济结构加速调整,新产业、新业态和服务业会创造大量就业岗位,可化解过剩产能、淘汰落后产能带来的过剩劳动力,顺利实现跨地区、跨行业流动就业;四是中国政府有能力通过多种途径做好化解过剩产能职工安置工作。

谈到中国会否再度出现"失业潮",中国就业研究所所长曾湘泉表示,与1998年和2008年两次就业出现问题的年份相比,今年中国所面临的大环境有了很大的不同,一是服务业发展对劳动力需求很大,二是中国已经建立了比较完善的社保制度,失业人员可以领取失业保险并获得就业服务,对社会造成的震动会比较小。当前最重要的任务是居安思危解决就业结构性矛盾。

事实上,截至目前,中国就业数据表现良好,尚未出现"预言"中的"用工荒"和"失业潮"。中国人社部的数据显示,2015年,就业形势总体稳定,新增就业甚至比既定目标多完成了30%。广东省春节后的返岗情况也与去年持平。东莞市人力资源部门调查显示,该市企业开工率为60.8%,企业员工返岗率为77.1%,两项数据均比去年略有上升。珠三角、东莞的劳动力并未出现严重流失。

尽管目前中国就业市场整体状况良好,但据《2015第四季度中国就业市场景气报告》预测,2016年全年CIER指数周期成分持续走低的概率极大,就业市场景气程度或将继续走弱。在经济转型的新常态下,加快解决中国就业结构性矛盾已成为中国政府面临的一大考验。①

第三节　虚假的"百万富翁"

情景引入：津巴布韦

津巴布韦现在无疑是全球百万富翁最多的国家,但它同时也是全球最穷的国家之一。事实上,每一个来到首都哈拉雷豪华现代的机场的海外游客,马上就能摇身一变成为了百万富翁。根据津巴布韦目前的官方汇率,每10美元就可以换到10.1万津元,而黑市上则可以换到官方汇率的两至三倍。②

知识导航三　通货膨胀理论

一、通货膨胀

物价上涨就说CPI？请看下面一段快讯。

---

① "失业潮"or"招工难"？吊顶企业该如何应对[EB/OL]. 中华顶墙网,2016-02-26.

② 孔笑微. 惟一不缺的就是钱[J]. 视野,2009(9)：34—35.

猪肉价格上涨是 CPI 涨幅扩大的重要因素之一

2019 年 6 月 12 日，国家统计局最新公布数据显示，5 月 CPI（全国居民消费价格指数）同比上涨 2.7%，创近 15 个月新高。多位专家对这一现象进行了分析。

据商务部监测，6 月 3 日—6 月 9 日，30 种蔬菜平均批发价格比前一周下降 2.1%，水产品批发价格总体回落，禽产品批发价格不同程度回落。肉类批发价格则有所上涨，其中猪肉价格上涨 2.9%。多家机构研究报告认为，今年某个月的 CPI 同比涨幅有出现达到 3% 的可能。

北京大学经济学院教授曹和平指出，受 5 月定向降准等因素影响，CPI 涨幅或继续扩大，预计将持续到 9 月底。虽然现在 CPI 同比涨幅还处于 3% 的控制范围内，但由于外部环境变化较大，可能会加大部分消费品的成本，进而传导到产品价格端，带动 CPI 涨幅扩大。

国家发改委市场与价格研究所研究员郭丽岩分析，5 月食品价格同比上涨 7.7%，涨幅较上月扩大 1.6 个百分点，推动 CPI 上涨 1.48 个百分点。其中，猪肉价格同比上涨 18.2%，影响 CPI 上涨约 0.38 个百分点。所以猪肉价格上涨是推动 CPI 涨幅扩大的重要因素之一。①

大多数经济学家把通货膨胀定义为一般价格水平普遍的和显著的上涨。通货膨胀就是在信用货币制度下，流通中的货币超过经济增长所需要的数量而引起的货币贬值和价格水平全面、持续上涨的经济现象。

---

① 新浪财经. 5 月 CPI 涨幅 2.7% 创 15 个月新高 未来有达 3% 可能吗？[EB/OL]. 新浪网，2019-06-12.

消费物价指数 CPI（Consumer Price Index）是反映与居民生活有关的商品及劳务价格变动的一个统计指标，是从消费者的角度衡量价格变化。它是衡量中国购买趋势变化和通货膨胀的重要方法。以百分比变化为表达形式，通常作为观察通货膨胀水平的重要指标。

CPI =（一组固定商品按当期价格计算的价值/一组固定商品按基期价格计算的价值）×100。

如果指数比预期更高，则应认为人民币强势/看涨，通常对抗通货膨胀的方法就是提高利率，这可以吸引外资。而如果指数比预期更低，则应认为人民币弱势/看跌，通常应关注发展高科技产业以及支持高收益、低流动性的企业。

二、通货膨胀的类型

按不同商品的价格变动来区分，通货膨胀有平衡的通货膨胀和不平衡的通货膨胀之分，在平衡的通货膨胀中，所有商品的价格按同样的比例上升，而在不平衡的通货膨胀中，不同商品种类的价格上涨幅度是不一样的。

（一）按发生原因分

1. 需求拉动型。总需求过度增长引起的通货膨胀。

2. 成本推进型。由于工会力量或行业垄断引起工资水平或利润水平的提高超过物价上涨水平而推动通货膨胀。

3. 结构型。由于部门性经济结构不均衡引起的通货膨胀。

4. 混合型。需求、成本和社会经济结构共同作用引起的通货膨胀。

5. 财政赤字型。因财政出现巨额赤字而滥发货币引起的通货膨胀。

6. 信用扩张型。由于信用扩张，即由于贷款没有相应的经济保证，形成过度信用创造而引起的通货膨胀。

7. 国际传播型。又称输入型，指由于进口商品的物价上升，进口费用增加而引起的通货膨胀。

（二）按表现状态划分

1. 开放型。也称公开的通货膨胀，即物价可随货币供给量的变化而自由浮动。

2. 抑制型。也称隐蔽的通货膨胀，即国家控制物价，主要消费品价格基本保持人为平衡，但表现为市场商品供应紧张、凭证限量供应商品、变相涨价、黑市活跃、商品走后门等的一种隐蔽性的一般物价水平普遍上涨的经济现象。

（三）按通货膨胀程度划分

1. 爬行式。又称温和的通货膨胀，即允许物价水平每年按一定的比率缓慢而持续上升的一种通货膨胀。

2. 跑马式。又称小跑式通货膨胀，即通货膨胀率达到两位数字，在这种情况下，人们对通货膨胀有明显感觉，不愿保存货币，转而抢购商品，用以保值。

3. 飙升式。又称恶性通货膨胀，即货币急剧贬值，物价指数甚至可达到天文数字。

三、导致通货膨胀的原因

（一）需求拉动的通货膨胀

需求拉动的通货膨胀是指总需求过度增长所引起的通货膨胀，即"太多的货币追逐太少的货物"。"蒜你狠""豆你玩""姜你军""糖高宗"等新鲜个性词汇飘遍了大江南北，形象描绘出我国当时大宗商品轮番上涨给百姓生活带来的诸多无奈。曾经在2010年7月开始，国内物价涨幅逐月攀升。11月CPI同比上涨5.1%，创下28个月以来的最高,尽管在相关部门系列政策组合的调控下,蔬菜等农产品价格出现明显下降,棉花、食糖和化肥价格高位回落,但引发价格上涨的根本原因并未消除。

(二)成本推动的通货膨胀

成本推动的通货膨胀是指由厂商生产成本增加而引起的一般价格总水平的上涨。

(三)供求混合推动的通货膨胀

供求混合推动的通货膨胀是指因需求和供给同时推进的价格水平上涨。

(四)预期的通货膨胀

预期和通货膨胀惯性是指一旦形成通货膨胀,便会持续一段时期,这种现象被称之为通货膨胀惯性,对通货膨胀惯性的一种解释是人们会对通货膨胀做出的相应预期。

四、通货膨胀的经济影响

(一)通货膨胀对收入的影响

1. 实际收入不变:名义收入增长率 = 通货膨胀率。2. 实际收入减少:名义收入增长率 < 通货膨胀率。3. 实际收入增加:名义收入增长率 > 通货膨胀率。

(二)通货膨胀对财富的影响

1. 实物资产:名义价格随通货膨胀同步提高,实际价值不变。2. 货币资产:名义价格不变,实际价值随通货膨胀降低。3. 负资产(负债):名义价格不变,实际价值随通货膨胀降低。

(三)通货膨胀对失业率的影响

失业率和通货膨胀率之间存在着反方向变动的关系:失业率高表明

经济处于萧条阶段，这时工资与物价水平都较低，从而通货膨胀率也就低；反之失业率低，表明经济处于繁荣阶段，这时工资与物价水平都较高，从而通货膨胀率也就高。美国当代经济学家弗里德曼（Milton Friedman）的观点是，短期中，通货膨胀有助于减少失业；长期中，通货膨胀无助失业的减少。正如著名的英国经济学家哈耶克（Friedrich August Von Hayek）说的，"我们在通货膨胀与失业之间，就如虽然在吃的过程中饱餐一顿可能令人非常愉快，但消化不良将会随之而来。"

五、应对通货膨胀的一般对策

应对通货膨胀的思路为：扩大供给，紧缩需求。

（一）紧缩需求

紧缩需求主要针对需求拉动型的通货膨胀。紧缩需求可以通过货币需求紧缩和财政需求紧缩两种方式。财政需求政策将影响总需求，从而影响到国民生产总值，以及我国的经济增长和就业。我国目前面临通货膨胀，但通货膨胀还处于可控、温和阶段，所以目前采取财政紧缩政策会得不偿失。由于我国利率没有实行市场化，货币需求紧缩可以较好地控制通货膨胀，不会对实体经济产生较大影响。

（二）扩大供给

扩大供给主要针对成本推动造成的通货膨胀。货币政策对抗需求拉动型通货膨胀没问题，但对成本推动型通货膨胀却一点意义都没有。对抗成本推动型通货膨胀，要实行减税，不断地促进企业技术改革升级等措施降低企业的供给成本，从而减轻供给对通货膨胀造成的压力。

（三）减轻税收负担

实行减税政策，减轻企业税收负担，变相地降低了企业的生产成本，从而使得企业供给增加，缓解了供给不足造成的物价上涨。

(四) 促使企业增长方式的转型

促使企业增长方式的转型,即由粗放型向集约型转型,促使企业进行技术升级和技术改造、不断调整要素投入组合等,降低企业的生产成本。

(五) 不断完善金融体系

金融体系的改革和不断完善可降低企业的融资成本和交易成本。

(六) 进出口贸易管理

合理控制进出口贸易数量及进出口贸易中各类商品结构比例等,使进出口贸易保持平衡。尽量在保持对外贸易稳健发展的同时,减少其对国内经济造成的影响。

综上所述,造成通货膨胀的原因是多方面的,因此我国在对通货膨胀进行调控时,要综合运用货币政策和财政政策,确保经济又快又好地发展。我国在积极应对通货膨胀的时候,除了加强宏观经济政策调控政策以外,还应该进一步加大对养老、医疗等社会保险制度改革的力度,使其能惠及全体中国人民。同时,要积极进行收入分配制度的改革,使其更加合理、公平。[①]

【相关案例】人人都成为"百万富翁"并非梦想

对于绝大多数人来说,成为"百万富翁"并非梦想。

30年前,很多人就已经谙熟"万元户"这个词了。所谓的"万元户",就是收入或者有存款1万元以上的家庭。当年,有多少人羡慕"万元户"。而如今,"万元户"都快成为"贫穷"的代名词了。著名经

---

① 田杨群. 公平与效率关系的理论创新及其现实意蕴 [J]. 江西社会科学,2008 (7):151—154.

济趋势研究专家、财经评论家时寒冰在《经济大棋局，我们怎么办》这本书里说到，"1981年的万元财富相当于当时人均储蓄的200倍，折算到现在差不多是255万元。"当年，一名国家干部的月工资平均只有五六十元，成为"万元户"对于很多人来说，都是遥不可及的梦想。如果月工资五六十元，一家人不吃不喝30年也未必能有1万元存款。

30年前，没有多少人家是"万元户"，但是现在资产超过百万元的家庭却不少，甚至超过千万元的也有很多。百万元户甚至千万元户的快速增多，和改革开放、经济增长有关，但是更和通货膨胀有关。由于通胀的推动，更多人跨入百万富翁的行列。特别是很多城市房价10年间就上涨10倍，很多人是"一不小心"就成为了百万富翁的。

央行网站公布的数据显示，我国人民币广义货币供应量1999年为11.76万亿，2000年为13.24万亿，2001年为15.28万亿，2002年为18.32万亿，2003年为21.92万亿，2004年为25.01万亿，2005年为29.6万亿，2006年为34.55万亿，2007年为40.34万亿，2008年为47.51万亿，2009年为60.62万亿，2011年末为85.16万亿元。

《经济大棋局，我们怎么办》这本书也提供了如下数据："为了更好地说明这一问题，我们不妨把中美两国的M2（M2和M0、M1、M3等，都是用来反映货币供应量的重要指标）对比一下：1990年，中国的M2余额为1.53万亿元，2010年年末已经达到72.58万亿元，20年间增长了46.44倍；美国1990年M2为3.28万亿美元，2010年年末为8.848万亿美元，20年间增长了1.69倍。"

全国人大财经委副主任吴晓灵更是直言："过去30年，我们是以超量的货币供给推动了经济的快速发展。"超发货币，导致的后果就是物价不断上涨。10年前，普通猪肉每斤价格在6元到8元之间，现在普遍上涨到每斤十几元以上，个别地方甚至超过30元。

一直以来，市面上都有各种励志书籍，教你如何成为百万富翁。其实，成为百万富翁离我们并不遥远，只需要政府多发一些货币，或许就可以让人人都成为百万富翁。

通涨偷走了大家的财富，但是给予大家"百万富翁"的头衔。

第四节　"一带一路"到底有什么影响

情境引入：市场经济还需要政府吗？

市场经济离不开政府的调控。发展经济要懂得善用政府和市场"两只手"，譬如"一带一路"倡议的实施，既要充分发挥市场作用，更要强化政府引导，实现市场驱动与国家支持相互促进。政府的引导主要应体现在顶层设计、宏观谋划、政策支持、资源投入和指导服务等方面。此外，还应以官带民，尽可能广泛调动政党、智库、媒体、非政府组织等多方力量积极参与。强调政府作用的同时，更要遵循国际通行规则，充分发挥市场配置资源的决定性作用，激发企业的主体作用，通过完善市场机制和利益导向机制，以商业化原则，市场化机制和手段推进重点项目建设。（摘自瞭望观察网）

知识导航四　政府的调控指导——供给侧结构性改革

一、概念和含义

供给侧，英文是Supply side，侧就是一侧，那一方面的意思，供给侧即供给方面。

供给侧结构性改革，旨在调整经济结构，使要素（供给侧有劳动力、土地、资本、制度创造、创新等要素）实现最优配置，提升经济增长的质量。

需求侧改革主要有投资、消费、出口三驾马车。供给侧结构性改革，是用改革的办法推进结构调整，减少无效和低端供给，扩大有效和中高端供给，增强供给结构对需求变化的适应性和灵活性，提高全要素生产率，使供给体系更好地适应需求结构变化。就是用增量改革促存量调整，在增加投资过程中优化投资结构、产业结构开源疏流，在经济可持续高速增长的基础上实现经济可持续发展与人民生活水平不断提高；就是优化产权结构，国进民进、政府宏观调控与民间活力相互促进；就是优化投融资结构，促进资源整合，实现资源优化配置与优化再生；就是优化产业结构、提高产业质量，优化产品结构、提升产品质量；就是优化分配结构，实现公平分配，使消费成为生产力；就是优化流通结构，节省交易成本，提高有效经济总量；就是优化消费结构，实现消费品不断升级，不断提高人民生活品质，实现创新、协调、绿色、开放、共享的发展。

2018年3月5日，李克强总理在2018年《政府工作报告》中将"发展壮大新动能"和"加快制造强国建设"列为供给侧改革任务前两位，加快制造业升级，培育经济新动能。

二、改革背景

改革开放四十多年来，中国经济持续高速增长，成功步入中等收入国家行列，已成为名副其实的经济大国。但由于人口红利衰减、"中等收入陷阱"风险累积、国际经济格局深刻调整等一系列内因与外因的作用，经济发展正进入"新常态"。

人口红利，属于经济学术语，是指一个国家的劳动年龄人口占总人口比重较大，抚养率比较低，为经济发展创造了有利的人口条件，整个国家的经济呈高储蓄、高投资和高增长的局面。

"红利"在很多情况下和"债务"是相对应的。2013年1月，国家统计局公布的数据显示，2012年我国15～59岁劳动年龄人口在相当长时期里第一次出现了绝对下降，比上年减少345万人，这意味着人口红利趋于消失，导致未来中国经济要过一个"减速关"。

李克强总理2018年10月24日应邀在中国工会第十七次全国代表大会上做经济形势报告时说，中国40年的改革开放使广大劳动者的素质持续提升，技能水平不断提高。"人口红利"加速向"人才红利"转变，这是中国发展的最大"底气"。

中等收入陷阱，是一个国家发展到中等收入阶段（人均国内生产总值3000美元左右）后，可能出现两种结果：一是持续发展，逐渐成为发达国家。二是出现贫富悬殊、环境恶化甚至社会动荡等问题，导致经济发展徘徊不前。后一种结果就称走入了中等收入陷阱。"中等收入陷阱"发生的原因是低端制造业转型失败，低端制造业可以带来中等收入，但是伴随而来的污染，低质低价等问题，形成恶性循环。低端制造改高端制造，是完全靠高科技解决，而高科技不是几十年能追赶的。

2015年以来，我国经济进入了一个新阶段，主要经济指标之间的联动性出现背离，经济增长持续下行与CPI持续低位运行，居民收入有所增加而企业利润率下降，消费上升而投资下降，等等。对照经典经济学理论，当前我国出现的这种情况既不是传统意义上的滞胀，也非标准形态的通缩。与此同时，宏观调控层面货币政策持续加大力度而效果不彰，投资拉动上急而下徐，旧经济疲态显露而以"互联网＋"为依托的新经济生机勃勃，东北经济危机加重而一些原来缺乏优势的西部省区异军突起……可谓是"几家欢乐几家愁"。简言之，中国经济的结构性分化正趋于明显。为适应这种变化，在正视传统的需求管理还有一定优化提升空间的同时，迫切需要改善供给侧环境，优化供给侧机制，通过改革制度供给，大力激发微观经济主体活力，增强我国经济长期稳定发展的新动力。①

2003年后，中国央企生产力变革变得很缓慢，钢铁、煤炭、水泥、玻璃、石油、石化、铁矿石、有色金属等几大行业，亏损面已经达到80%，产业的利润下降幅度最大，产能过剩很严重。截至2015年12月初，几大行业的生产价格指数（PPI）已连续40多个月呈负增长状态，这几大行业对整个工业PPI下降的贡献占了70%—80%。②

中国供需关系正面临着不可忽视的结构性失衡。"供需错位"已成为阻挡中国经济持续增长的最大路障：一方面，过剩产能已成为制约中国经济转型的一大包袱。另一方面，中国的供给体系与需求侧严重不配套，总体上是中低端产品过剩，高端产品供给不足。此外，中国的供给侧低效率，无法满足需求。因此，强调供给侧改革，就是要从生产、供给端入手，调整供给结构，为真正启动内需，打造经济发展新动力寻求路径。

三、改革目的

中共中央总书记、国家主席、中央军委主席、中央财经领导小组组

---

① 《黑龙江档案》编辑部. 供给侧结构性改革到底是指什么？[J]. 黑龙江档案, 2016 (3)：1.
② 杨海燕. 我国供给侧改革问题探讨 [J]. 西部皮革, 2016 (18)：1.

巧用经济学 >>>

图7-1 供给侧结构性改革五大重点任务：去产能、去库存、去杠杆、降成本、补短板

长习近平在2016年1月26日下午主持召开中央财经领导小组第十二次会议上强调，供给侧结构性改革的根本目的是提高社会生产力水平，落实好以人民为中心的发展思想。要在适度扩大总需求的同时，去产能、去库存、去杠杆、降成本、补短板，从生产领域加强优质供给，减少无效供给，扩大有效供给，提高供给结构适应性和灵活性，提高全要素生产率，使供给体系更好地适应需求结构变化。

四、改革措施

（一）宏观政策要稳，营造稳定的宏观经济环境

继续实行积极的财政政策和稳健的货币政策，使二者相互配合，协同发力。2015年中央经济工作会议对2016年宏观政策提出的具体要求，释放出为供给侧结构性改革营造稳定的宏观经济环境的重要信号。当前，世界经济和贸易低迷、国际市场动荡对我国影响加深，与国内深层次矛盾凸显形成叠加，实体经济困难加大，宏观调控面临的两难问题增多。2015年以来，在党中央、国务院坚强领导下，通过加强定向调控和相机调控，以结构性改革促进结构调整，实施稳定市场的有效措

施，新的动能加速孕育形成，就业扩大、收入增长和环境改善给群众带来不少实惠。在此过程中，积极的财政政策和稳健的货币政策功不可没。

（二）产业政策要准，准确定位结构性改革方向

近年来，中国整体经济结构不断优化，经济发展正加快向第三产业主导的形态转变。然而，在产业结构表现出显著改善的同时，结构性矛盾依然突出。一方面，第三产业的提升潜力仍然十分大。与欧美等发达国家70%以上的第三产业比重相比，中国第三产业在经济总量中的份额仍然较低，还不到50%。另一方面，中国工业体系中传统工业较多，新兴产业的增长难以弥补传统工业的萎靡，内部结构矛盾十分明显。第三产业内部结构明显改善，整体水平提升明显，服务领域不断拓展，逐渐成为推动我国经济增长的主要动力之一。金融业与房地产业成为拉动第三产业发展的主要力量；传统服务业占第三产业比例下降，金融保险、计算机服务、物流配送等现代服务业发展迅速；社会化养老、休闲旅游、社区服务等新型服务业越来越受到关注。[①]

（三）微观政策要活，激发企业活力和消费潜力

2015年中央经济工作会议明确提出"微观政策要活"。如何做到灵活的微观政策？就是要通过完善市场环境、激发市场活力和消费者潜力，放活政策做活微观经济，充分释放生产消费活力和内部增长潜能，开创经济发展新局面。微观经济是经济形势的"晴雨表"、发展的"推进器"，放活微观政策是应对经济下行压力、积蓄发展新动能的现实需求。做活微观、提质增效对加快推进供给侧结构性改革，实现中国经济

---

① 赵晓辉，华晔迪. 聚焦之三找准方向引导经济转型升级[J]. 市场观察，2015（12）：42—43.

发展转型升级至关重要。

微观市场主体是社会财富的创造者，是经济发展内生动力的不竭源泉。从我国目前的实际情况看，市场活力没有得到充分激发的关键因素之一，就是政府对市场主体干预得太多。因此，实现"微观政策要活"政策目标的重要途径就是要加快简政放权，推动政府职能转变。按照党中央、国务院的部署要求，转变政府职能要以"简政放权、放管结合、优化服务"为基本思路，将该放的放下去，将该管的事管好，将该服务的服务到位，真正做到"放水养鱼"，激活微观经济。

1. 增强经济领域简政放权力度。简政放权应避免各类部门"一刀切"，政策应向经济领域适度倾斜。另外，简政放权应更加重视从企业生产经营全流程角度进行整体部署，全方位为企业松绑，避免各种抓大放小、抓实放虚、我抓他放等行为对改革红利的抵消，切实提高简政放权的"含金量"。

2. 简政放权应向小微企业和服务业倾斜。政府应该从两个方面加强对小微企业的扶持，一是降门槛，加快清理不必要的证照和资质、资格审批，给小微企业更多的"出生证"；二是优服务，在财政、金融、人员培训、信息化建设等方面对小微企业倾斜，给小微企业适当地"喂点奶粉"，切实让新注册的800万小微企业尽可能地活下来，并以此带动"大众创业""草根创业"的新浪潮。

3. 通过社会领域简政放权降低市场准入门槛。社会领域的简政放权也不能裹足不前，而要齐头并进。一是要进一步放宽民间资本的准入限制，鼓励民间资本为政府"补位"，加大对教育、养老等社会领域的投入力度；二是要对社会领域的各种评比、达标、认证、收费事项进行全面评估，该保留或下放的进行保留或下放，其余的则应尽可能取消，最大限度为企业"松绑",切实降低市场门槛;三是转移支付制度改革要跟上,使地方政府有能力也有积极性跟随中央步伐进行简政放权,为避免社会领域的"中梗阻",打通改革"最后一公里"提供有力的支撑。

(四)改革政策要实,加大力度推动改革落地

适应和引领经济新常态,需要保持和增强战略定力,按照"四个全面"战略布局,深入贯彻习近平总书记关于全面深化改革的重要论述,加快落实党的十八届三中全会关于全面深化改革的整体部署,敢于啃硬骨头、涉险滩,以前所未有的决心和力度,培育一大批改革的促进派,坚定不移地推进改革,最大程度地释放改革的新红利。

当前,全球经济仍然处于国际金融危机后的深度调整期,不稳定因素较多。走进新常态的中国正面临着很多前所未有的新矛盾、新问题和新挑战。在周期性和结构性因素的影响下,经济增长出现减速趋势,进入增长速度换挡期、结构调整阵痛期和前期刺激政策消化期的特殊时期,到了爬坡过坎的紧要关口。与此同时,经济发展中不平衡、不协调、不包容、不可持续等矛盾依然非常突出,统筹稳增长、促改革、调结构、惠民生、防风险的每一项任务,担子都不轻,我们所面临的改革任务十分艰巨。化解产能过剩风险、增强结构调整动能、释放创新驱动潜力、保障民生期盼等重点问题,依然需要通过切切实实的改革来加以推动。可以说,不深化改革,发展就难有活力、难有成效、难以可持续;不深化改革,存在的问题就可能更严重,甚至不能完全排除掉入"中等收入陷阱"的风险。改革在过去、现在都是中国最大的红利,改革依然是中国发展的最大动力和关键一招。要推动中国经济发展提质增效、行稳致远,必须培育千千万万的改革促进派,坚定不移地推进改

革,坚决破除各种利益的藩篱和体制机制的弊端,充分释放改革新红利。①

(五)社会政策要托底,守住民生保障的底线

推进供给侧结构性改革总体思路,必须实施相互配合的五大政策支柱,社会政策要托底是其中之一。供给侧结构性改革,特别是化解过剩产能等,必然会影响部分群体的就业和收入,但这是必须要过的槛,必须要经历的阵痛。所以要更好发挥社会政策稳定器的作用,守住民生底线。特别是要把重点放在兜底上,要保障好人民群众的基本生活和基本公共服务,为结构性改革创造好稳定良好的社会环境。

就业是民生之本,要从全局高度重视就业问题。要深入实施就业优先战略,真正把促进就业作为经济社会发展的优先目标,选择有利于扩大就业的经济社会发展战略,创造更多就业机会。

1. 要实施更加积极的就业政策。实行有利于促进就业的财政保障政策。公共财政应向符合国家产业政策导向的小型微型企业和劳动密集型产业倾斜,财政支出逐步向民生倾斜,加大对困难群体的扶持力度,实行支持和促进就业的税收优惠政策。促进实体经济尤其是小型微型企业发展,减轻企业税收负担,充分发挥其在吸纳城乡劳动力就业中的作用。完善和落实促进大学生、农民工、就业困难人员等重点群体就业的优惠政策,实行更加有利于促进就业的金融支持政策。要鼓励和引导金融机构支持符合国家产业政策导向的劳动密集型产业、服务业、小型微型企业发展,加大支持自主创业力度,实施鼓励劳动者多渠道、多形式就业的扶持政策。通过优惠政策和就业服务,扶持劳动者自谋职业、自主就业。

---

① 何玲.打造新疆产业竞争新优势[J].大陆桥视野,2016(3):21—23.

2. 要努力推进重点、困难群体就业。切实做好以高校毕业生为重点的青年群体就业工作。继续把高校毕业生就业放在就业工作的首位。鼓励支持高校毕业生通过多种形式灵活就业。继续做好退役军人就业工作，推进农村富余劳动力转移就业。加快推进新型城镇化发展，为农村劳动力创造更多的就业机会。要加紧消除流动就业的制度壁垒，进一步完善职业培训、就业服务、劳动维权"三位一体"的工作机制。同时，要积极支持农民工返乡创业，加强对困难群体的就业援助。建立健全就业援助制度和工作保障制度，确保就业困难群体随出现，随援助，随就业。推进各类用人单位按比例安排残疾人就业，扶持残疾人自主创业和灵活就业。做好妇女就业工作。

3. 加强配套措施改革。一要全面提高就业能力。要加强职业技术人才的培养。加强职业技术教育和技工院校示范校建设，构建具有中国特色的现代职业教育和现代技工教育培养体系。重点支持急需紧缺行业技师培训，加强高技能人才培训基地建设。健全面向全体劳动者的职业技能培训制度。加强就业培训，加快构建劳动者终身职业培训体系，健全完善社会化职业培训网络。二要提升就业服务能力。要加强公共就业和人才服务，形成覆盖城乡的公共就业和人才服务体系。全面实行就业失业登记身份证识别系统，建设城乡人力资源基本数据库。要加快形成统一规范灵活的人力资源市场，充分发挥市场机制在促进就业和配置人力资源中的基础性作用。加强人力资源市场信息网络建设，促进信息资源共享。三要加强劳动者的保护措施建设。健全劳动标准体系和劳动关系协调机制，推进企业改善劳动条件。全面推行劳动合同制度，提高小微企业与农民工劳动合同签订率和履约质量。扩大集体合同制度覆盖面，提高集体协商的实效性。加强劳动保障监察工作，加大对用人单位和人力资源市场的监管力度,全面推进"网格化、网络化"管理。全 违法行为预防预警和多部门综合治理机制,有效处置劳动保障违法行为 引发的群体性事件。特别是要努力实现企业职工特别是农民工工资基本 无拖欠。①

【相关案例】"一带一路"对中国经济的影响

一、中国背景

1. 产能过剩、外汇资产过剩。

2. 中国油气资源、矿产资源对国外的依存度高。

3. 中国的工业和基础设施集中于沿海,如果遇到外部打击,容易失去核心设施。

二、"一带一路"的含义

"一带一路"是"丝绸之路经济带"和"21 世纪海上丝绸之路"的简称。

"一带",中亚地区的俄罗斯,哈萨克斯坦、乌兹别克斯坦、吉尔吉斯斯坦、塔吉克斯坦等上海合作组织成员国以及土库曼斯坦是重点和优先。

初步估算,"一带一路"沿线总人口约 44 亿,经济总量约 21 万亿美元,分别约占全球的 63% 和 29%。"一带一路"倡议作为中国首倡、高层推动的国家战略,对我国现代化建设和民族复兴具有深远的战略意义。

"一路",印度尼西亚、越南、缅甸和马来西亚应作为东南亚地区的重点国家,巴基斯坦、斯里兰卡、孟加拉国和印度应作为南亚地区的

---

① 供给侧结构性改革解读 [EB/OL]. 岳西县信息公开网, 2018 - 12 - 03.

重点国家。

很多人不太明白"一带一路"究竟是什么意思？

最简单易懂的解释就是，基础建设对于绝大多数的国家来说是非常需要的，就像一个人非常需要房子但是拿不出这么多钱，只好按揭购房一样，"一带一路"沿线国家和中国友好合作，中国借钱给这些国家，然后这些国家用这笔专款找中国公司去修基础建设，然后分成几十年慢慢地还给中国。这样中国的外汇储备就有了灵活的运用，不用傻乎乎的只能去买美国的国债。中国有过剩的产能，有人出钱来买，便盘活了中国的制造业。"一带一路"让很多国家，靠中国的帮助修好了基础建设，经济得到发展，就会有钱来还中国的钱了，同时还会买更多的中国产品。这样各取所需。前"一带"是陆地，后"一路"是沿海。也可以理解为先有中国的"一带领"，后有各国互惠的"一路繁华"。

除了这些，"一带一路"的国家接受美元贷款，可以用人民币还款，这样，这些国家慢慢就开始接受了人民币作为储备货币，人民币慢慢就获得了和美元同等的地位。同时通过这样的基础建设，形成了从海上和陆路两条直达欧洲的通路，一旦发生和美国的战争，美国无法对我们进行完全的封锁，同时，另一方面也加快了中国到欧洲的物流速度，降低了流通成本，进一步增强了中国的竞争力。由于这些国家使用中国产品作为基础建设的标准，后续的配套建设自然也要使用中国产品，这样就产生了排他效果，让中国在和其他的制造业国家竞争时，占据了优势地位。

当然在这个过程中，肯定会有一些坏账，就像是银行一样，总会有些人还不起房贷车贷。可是总体发展方向是好的，我们就要坚持。只要控制好坏账的比例，肯定是利大于弊。同时，由于中国为这些国家发展基础建设，会增加这些国家对中国的友好度，让这些国家成为中国的好朋友，谁都知道，朋友多了好办事。做人是如此，国家也是如此。

在这个过程中，中国会对一些国家进行无偿援助，很多人想不通，为什么会这样呢？很简单，你做别人的生意，就得送给人家优惠。商场也要定期给你打折，买多了要给你送优惠券和免费的赠品。国家也是如此，光赚别人的钱，不给人家点好处，生意就做不久，这些无偿援助，实际上就是折扣券。因为除了我们，日本、德国也借钱给别人，帮别人搞基础建设，我们是有竞争的。这个方式实际上是美国人最先发明，美国为了获得市场，并没有采用其他国家通过武力征服，获取殖民地来获得市场的办法。而是通过所谓的门户开放政策、租借法案、马歇尔计划等，借钱给其他国家，让这些国家回过头来买美国的产品，这样兵不血刃地就占领了这些国家的市场，促进了美国经济的繁荣，让美元成为世界储备货币，使美国成了世界工厂，最终成为"世界老大"。中国实际上是受美国曾经崛起的方式的启发，唯一的区别的是，中国是通过和平、友好、平等、互惠互利的方式实现崛起的，是文明经商的结果，而不是武力和殖民。①

---

① 『震撼』"一带一路"，让中国制造业腾飞［EB/OL］. 美篇，2017－05－15.
转帖科普：我们为什么发展"一带一路"［EB/OL］. 百度，2017－05－18.

参考文献

1. [美] 加里·S. 贝克尔. 家庭论 [M]. 北京：商务印书馆出版，2005.

2. [美] 詹姆斯·格雷克. 信息简史 [M]. 北京：人民邮电出版社，2013.

3. [美] 罗伯特·L. 清崎，[美] 莎伦·L. 莱希特. 穷爸爸富爸爸 [M]. 西宁：青海出版社，2018.

4. 亚当·斯密. 国富论：黄金版 [M]. 谢宗林，李华夏，译. 北京：中央编译出版社，2013.

5. 茅于轼. 生活中的经济学 [M]. 西安：陕西师范大学出版社，2003.

6. 茅于轼. 给你所爱的人以自由 [M]. 北京：中国文联出版社，2003.

7. [韩国] 郭海铣. 史上最简单的经济书 [M]. 千太阳，译. 天津：天津教育出版社，2012.

8. [德国] 马克斯·韦伯. 儒教与道教 [M]. 洪天福，译. 南京：江苏人民出版社，2008.

    9. ［美］保罗·海恩. 经济学的思维方式［M］. 史辰，译. 北京：机械工业出版社，2015.

    10. ［美］托马斯·索维尔［M］. 成都：四川人民出版社，2018.

    11. 李子旸. 经济学思维［M］. 北京：中国友谊出版公司，2016.